枫哥品性之

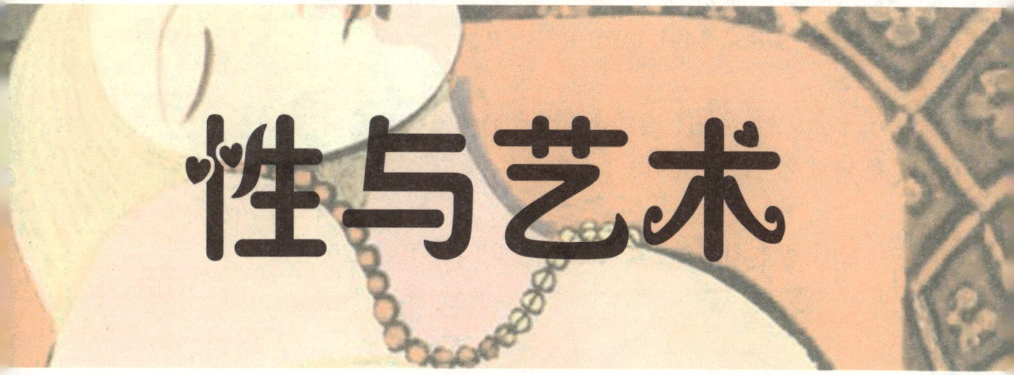

性与艺术

张枫◎主编

南方日報出版社
NANFANG DAILY PRESS
中国·广州

图书在版编目（CIP）数据

性与艺术 / 张枫主编. -- 广州 ： 南方日报出版社，2011.11（2024.5 重印）
（枫哥品性）
ISBN 978-7-5491-0270-9

Ⅰ. ①性… Ⅱ. ①张… Ⅲ. ①性学－关系－艺术－通俗读物 Ⅳ. ①C913.14-49②J-49

中国版本图书馆 CIP 数据核字(2011)第 222209 号

性与艺术 张枫 主编

出版发行：南方日报出版社
地 址：广州市广州大道中 289 号
电 话：（020）87363865
经 销：全国新华书店
印 刷：广州市新怡印务股份有限公司
开 本：889㎜×1194㎜ 1/32
印 张：4
字 数：50 千字
版 次：2011 年 11 月第 1 版
印 次：2024 年 5 月第 4 次印刷
定 价：20.00 元

投稿热线：（020）87360640 读者热线：（020）87363865

目录

性与艺术

枫哥品性之六

序

绘画

雕塑

摄影

其他

性与美的礼赞

谈及性与艺术，人们最常想到的莫过于司掌爱欲与美的女神维纳斯。这位女神被花团簇拥，身披星辰，容貌冠绝神人两界。她的诞生故事也常为世人所津津乐道：大地母亲盖亚与天空之神乌兰诺斯本为夫妻，后因乌兰诺斯性情大变、暴戾无道，盖亚遂起造反之心。作为女人和妻子，她又不忍心下手，于是召集了12个儿子，选出其中领袖克洛诺斯代劳。克洛诺斯用镰刀阉割了自己的父亲，推翻了他的统治。而天空之神的阳具被扔进海中，滴下来的血化成复仇女神，剩下的部分漂流到爱琴海，化为白沫。维纳斯便是以玫瑰花蕾般的少女形态，从这阳具的白沫中冉冉升起。

追慕维纳斯的男神数不胜数，但是因为出众的容貌，她却常被刻画成妖精荡妇。世人对性之美的概念就此定型。真正的性因过于美丽，愈发带着危险的气息，为此只能像瞻仰神祇一样与之保持距离。

所幸的是，艺术的出现为赞美爱欲提供了一个堂而皇之的借口。艺术以特殊的语言再现人类的生活，艺术家可以尽情描画这朵美丽而危险的花，大众也可以尽情欣赏，好一个秘而不宣的谎言！古往今来，带着性之美的艺术作品不计其数，而本书仅以其中的佼佼者和时代的弄潮者作引，推开这扇神秘之门，为各位读者展现真正的爱欲之美。

艺术之情色最早从大众艺术中崭露头角，这在中国古代和西方文明之源的古希腊罗马都有大量的文物佐证。这些文物，最能体现出原始直接的性气息：头顶女性生殖器的小人、作为护身符的男性阳具装饰品、男女共浴的壁画、丰乳肥臀的玉雕……它们都象征了那个时代人们对性之美的追求，以及对人类繁衍生生不息的愿望。因此，性艺术在一开始也被赋予了宗教般的高度，印度拥有的卡朱拉霍神庙群就是一个例子，虽然尺度大胆、造型夸张，但是却带着“天人合一”的教义；柬埔寨和不丹的色欲雕像也用“以淫戒淫”的方式名正言顺地将性错落在各种宗教场所。在这些地方，被一些人视为“最粗俗、最污秽”的性也让信众们经受了心灵净化，神圣和世俗达到了完美的交汇。

继而，人们又想到了通过含蓄的艺术教授房术的办法，各国都有自己的闺房指南，中国的春宫图和日本的浮世绘显露出一种混合了艺术之唯美和春梦之欢愉的特征。春宫图描绘的闺房之事不仅有教育作用，甚至还具备性唤醒的医疗效果。浮世绘也带着类似的特征，记录了日本古代社会的性之百态。

大众之后，精英也开始执笔这一主题，许多艺术名家都有过一些含有性内容的作品。天鹅是维纳斯的坐骑之一，带着浓厚的性意味，而神话中“丽达与天鹅”的故事则被艺术家竞相描绘，其中达·芬奇的《丽达与天鹅》从众多作品中脱颖而出，因为其画中，故事的隐喻获得了从性爱到生育的升华。戈雅的两幅名作《着衣的玛哈》和《裸体的玛哈》则用“裸露”反应了西班牙社会风气的变化。马奈站在古典主义和印象派的交界，用一幅被时人批为“伤风败俗”的《草地上的午餐》对传统进行了革新，为现代主义绘画开拓了道路。现代派绘画大师毕加索更是以个人历史做线索，每位女眷与他的爱恨情仇都能拉扯出一条情爱画廊。性艺术到了具象派巨匠巴尔蒂斯，表达出性主题中最纯真的一面——少女的裸体，可谓极臻唯美。

摄影的诞生令性艺术彻底扯掉遮羞的面纱，私人纪实摄影的鼻祖南·戈尔丁书写了一系列的视觉日志：裸体、床、酒吧、接吻、人妖、肉体……这些作品中的温度把性从神坛上请下来，以凡俗的面孔重新出现。情色摄影的先锋穆特·纽顿用他的相机捕捉了女性的另一面——阳刚、华丽、英姿逼人。群裸摄影大师图尼克的裸体造型艺术大胆而壮观，让世人叹为观止。相比之下，中国的人体摄影因为传统观念根深蒂固，一直在夹缝中艰难行进。这些作品虽然争议颇多，不过影像的真实也让社会话题中的性走进了新的纪元。

当代艺术中的性更是百花齐放。简上淇的性雕塑作品粗糙而生动，赤裸之中，观者仿佛回到了原始社会，重新看到了奔放的人性。贝尔默的人偶装置使得性扭曲的一面也得以用艺术表达，同时成为了艺术家的武器和宣言。话剧《柔软》深度挖掘了人的性别身份意识，让人觉得性的多元面貌值得一番严肃的思考。舞蹈和文身都将性的暧昧与激情重新融入了大众文化。在纽约、阿姆斯特丹、巴黎、巴塞罗那、伦敦和济州岛的性主题公园中，性艺术得到了公众展示，爱欲的狂欢凝固在公共艺术作品中，昭示着性与美的永恒。

“乱花渐欲迷人眼”，性艺术千姿百态，本书带着读者逡巡，只可以说是走马观花，甚至未能穷尽沧海之一粟。然而，以性与美的女神之名，这些作品都传递着性艺术的真谛——性、爱、美三者实则是三位一体。滴尽了复仇之血的乌兰诺斯的阳具，才化作象征爱情、性和美的女神，这个故事正好说明，性的本源并不是什么可怕的食人妖兽，而是洗尽铅华的人类最美好的行为之一。

绘画

唯美的中国古代春宫画

春宫画是中国古代性文化的一个重要组成部分，通过春宫画的研究，可以了解古人的性风俗、性观念、常用服饰和性生活的环境。

春宫画的起源，最早可以追溯到国内多处发现的岩画中的某些图形。早期民间的一些性书，如《素女经》和《洞玄子》相继出现带插图的版本，被视为春宫画的简陋雏形。

最早把春宫画带入宫廷的，可能是殷商末期的暴君纣王。汉朝刘向在《列女传》一书中说，荒淫无道的纣王喜欢在自己床榻四周摆放绘画男女性爱情景的屏风，与妲己一边赏画，一边作乐。

后来，民间开始把一些流落在外的春宫画压箱底，给新娘做嫁妆，以指导夫妻性生活，并秘称这些春宫画为“女儿图”。

春宫画除了描绘房事，有的还能从侧面反映出一些历史事实。宋代的《熙陵幸小周后图》所画的，就是南唐后主李煜的第二任妻子小周后逃亡时被掳，因貌美而被好色的宋太

图1-1　《熙陵幸小周后图》。

宗看中，把她带入宫中多次强行奸污。据说，当时宋太宗还把宫廷画师召来，将他“强幸”小周后的场面画了下来。

可是，历史总是惊人的相似——宋太宗“强幸”小周后，金人就“强幸”他后人所有的宗室女眷。靖康之变，金人灭宋，官兵肆意强奸北宋的后妃宗室和民间妇女。然而百年后，南宋联合蒙古灭金，作为报复，又有了宋将轮奸金末代皇后的《尝后图》……不过，无论是金人奸宋室后妃，还是宋人奸金室后妃，这两幅春宫画背后都掩藏着野蛮的性暴力事件，女性可谓是最悲惨的牺牲品。

明代中后期，春宫画开始广泛流行，出现了许多专门画春宫图的画家，唐伯虎就是其中的佼佼者。唐伯虎的春宫画画得好，跟他风流不羁的生活很有关系。史上有关唐伯虎的风流韵事数不胜数，因为经常流连于烟花柳巷，估计许多与唐伯虎关系亲密的青楼女子都甘愿做他的裸体模特，所以他能将春宫画中的女性描画得惟妙惟肖，栩栩如生，其体态、神情、动作，乃至嬉戏都不同于寻常百姓家的床笫之欢，因而更为惹眼，流传甚广。

除了专业画家，历代民间画家手下的春宫画也是层出不穷。明清时期，天津杨柳青一带的贫家妇女更是以画“女儿春”为生。在每年春节前，这些临摹的便宜春宫画便被当作年画一样上市出售，让“春节”多了一层隐喻。“女儿春”在新中国成立后已被废除，艺人们也被遣散，如今这一类画已几近失传。

目前存于世的春宫实物图多为明代以后的作品，为西方、日本和个别中国收藏家或机构所珍藏。在众多春宫画收藏者中，名声最大的首选荷兰汉学家高罗佩，他还将自己的收藏和研究成果编写成《秘戏图考》一书。

图1－2　女子表情刻画细致。

图1－3　男方把玩三寸金莲。

图1-4　男方把玩三寸金莲。

春宫画在古代除了用来展示性知识、性技巧之外，还常被用来作为煽情手段。比如夫妇两人在做爱之前，或做爱过程中，可以一同观赏春宫画册，类似于现代医学利用视觉刺激唤起性冷淡患者的性欲，这反映出古人在房事上的智慧。

对于古人来说，关系不正当的男女性爱才需要避人耳目，正当的夫妇性爱是可以正大光明的。所以春宫画中，常常会看到丫鬟等人在一旁侍候夫妻欢爱的场景。

春宫画中所描绘的女子普遍为三寸金莲，男子在房事过程中，小脚是他们喜欢抚摸把玩的部分，颇有点“恋足”的味道。对女子的描绘通常是重神情轻体态，很多女子甚至没有全身裸露，更没有现代情色照片中所强调的前凸后翘、波涛汹涌，更多的是给人一种唯美的感觉。

【枫哥点评】

说起古代的春宫画，现代人对它是有误解的。其实春宫画并不是淫画，它含蓄唯美，调情煽情，相当于古人的性爱指南；它被当作嫁妆压箱底，说明古代父母比现代父母开明而且智慧；它承载快乐、健康、生育三大功能，对提升人口质量和生活质量的贡献功不可没；它从宫廷流传到民间，无论达官贵人还是黎民百姓都叫好，实属不易。春宫画总体而言功大于过，该为它正名了。

夸张的日本浮世绘春画

春画是日本文化中的一大特色。日本民族对性的宽容和积极的态度，也表现在日本性艺术春画的创作和流行中。

日本富有特色的绘画艺术兴起于江户时代（1603—1867年，也叫德川幕府时代）的“浮世绘”（ukiyoe），主要描绘民间的生活百态，历史名姝与日本武士花前月下的种种情节，题材多样，是典型的花街柳巷艺术。

菱川师宣被公认为浮世绘艺术的奠基人物，他的大量作品是文学书籍的插图，如颇负盛名的《伽罗枕》和《好色一代男》。这种与中国宋元以来书籍插图十分相似的艺术形式，即是浮世绘的初级阶段。后来，为了满足读者的需要，菱川师宣绘制了一些单页的版画作品，进而将多张单页版画装订在一起，如同连环画一般。这种尝试不仅丰富了浮世绘的表现形式，而且为浮世绘发展成为独立的艺术类型铺平了道路。

菱川师宣之后，浮世绘的新人不断涌现，喜多川歌麿是浮世绘史上一个里程碑式的人物。他擅长以准确的线条和单纯的色块描绘女性的官能美，刻画女性的心理活动，以充满装饰意味的纹样组合与色彩韵律，营造出一个极具魅力和诱惑力的女性世界。他笔下的女性多是妓女和歌舞伎，因而时常带有一些色情暗示。相传他的画能让人感觉到人体的肌肤血液，甚至能听到心跳。喜多川歌麿一生创作了许多优秀的浮世绘美人画，作品追求合乎理想和社会风尚的美，对社会底层的歌舞伎乃至妓女充满同情，善于刻画人物心理活动。其画风一直影响到近现代，追随者甚众。

“春画”是“浮世绘”中一个很大的部类。福田和彦在其《中国春宫画的魅惑》一书中，开首便写道：“我国称为‘春画’的情色艺术作品在中国称为‘春宫画’，也叫‘秘戏图’和‘隐侧图’。因此日文‘春画’一语是从中文中借用过来的。”日本人略去了一个“宫”字，意在强调其世俗色彩。

图2-1　女性受到性刺激后压抑的表情。

图2-2　强调性器官和阴毛的描绘。

日本春画绘本（即连环画）是19世纪日本江户市民最重要的娱乐阅读。对比中国春宫画，日本春画极为写实，画面人物沉浸于无我状态之中，躯体畸形缠绕几近格斗，戏剧性动态充溢着超凡的力度。

在唐宋文化对日本产生深刻影响的平安时代（794—1192年），日本春画开始被作为居室用品的屏风和枕席上的绘画内容而发展起来。不同于重写实的唐绘，空白余韵之美同样表现在日本春画中。早期的春画大多没有背景，延续了大和绘的装饰性手法。同时，日本绘画的平面化表现手法很适合于在春画中表现性器官并刻画入微。因此，日本春画从一开始就在充分表现人物的同时，又细致乃至夸张地描绘性器官，尤其是男性器官的夸大和阴毛的绘制，极具妙趣。这种手法一直延续到江户时代的浮世绘版画。在形式和内容上，日本春画比较多地呈现出女性受压抑的一面。这也反映了古代日本社会女性对男性的绝对服从和她们的社会地位。

【枫哥点评】

日本虽然是我们的近邻，但浮世绘这样的艺术还不被国人所亲近，因而蒙上神秘的色彩。大家可能都熟识梵高，却不见得知道被誉为浮世绘始祖的菱川师宣。其实，梵高的画风是深受浮世绘所影响的，他极为迷恋日本艺术文化。

西方许多知名画家都对日本浮世绘情有独钟，印象派、抽象派的大师们如马奈、莫奈、惠斯勒、毕加索等都受到浮世绘的冲击，进而从事艺术大变革，这不但加速了欧洲传统绘画观念全面性的崩溃，更揭开了欧洲现代艺术的序幕。浮世绘当时在欧洲社会还曾掀起过一股热潮，许多贵族深受吸引，纷纷收藏。

也许，在接受西方艺术的同时，我们也应该追溯一下对印象派绘画艺术有着深厚影响的日本浮世绘。

达·芬奇：从生育到性爱的隐喻

1503年前后，达·芬奇构思绘制了一幅神话题材的作品，这在其作品中是不多见的，它取材于古希腊神话传说中“丽达与天鹅”的故事。

这个故事讲的是：斯巴达国王廷达柔斯被兄弟希波科翁驱逐出国，埃托利亚的国王特斯提奥斯慧眼识英雄，不但收留了廷达柔斯，还把女儿丽达嫁给了他。丽达实乃一名海仙女，廷达柔斯娶了她之后，竟然忘了向爱神阿佛洛狄忒祭祀，于是遭到爱神报复。当时，古希腊神话中的众神之王宙斯很风流，也醉心于丽达的美丽，就趁她在树林间的河水中沐浴时，让爱神化身为一只雄鹰，而自己变为一只被追到湖边的天鹅，盘旋于湖上。善良的丽达看到可怜的天鹅遭受攻击，便动了恻隐之心，张开双臂让天鹅投入自己的怀抱，并把老鹰驱走。丽达看天鹅如此健硕可爱，就把它搂抱在怀中爱抚不停，结果受孕。不久生下四只蛋，孵出了四位天使般的儿女。

作品中（图3-1），四个破壳而出的孩子躺在草地上仰视

图3-1　四个破壳而出的孩子躺在草地上仰视着母亲。

着母亲，全裸的丽达占据画面中心，右手搂抱着鹅颈。天鹅张开右翅紧抱体态丰腴的丽达，仰望着她的面孔似欲亲吻，丽达羞涩地将面庞避向右肩。画面背景是一座深色的古代废墟，衬托出丽达洁白无瑕的玉体。

此画为复制画，原作已佚，但达·芬奇准备的多幅素描习作仍保存至今。众多后来者根据“一个站立的丽达形体几乎完全裸露，在她的脚旁有只天鹅和两个蛋，从破土的蛋壳中露出4个婴儿”这样一个描述来加以创作。因此，这样一个不算大的神话故事，却被西方绘画艺术史和文学史证明是一个续写不完的大题材。马蒂斯、科雷基奥、布歇……加入的人越来越多，队伍越来越庞大，作品也越来越多姿多彩（图3-2、图3-3、图3-4）。当然，我们也从中发现一些变化的迹象，并因此更加理解达·芬奇的初衷。

马蒂斯用一种被称为“野兽主义”的风格，以自己的妻子为模特表现“丽达与天鹅”。抽象的创作只能看到一些散乱的线条和无序的色点，这极大地考验着我们的想象力。通过比较这四幅图，我们发现，后来者在描绘这个神话题材时，表现的主题都与性爱相关，有的温柔含蓄，有的粗暴露骨，还有的分明在表现性的暴力或虐待，有的则是赤裸的性

图3-2　安东尼奥·科雷基奥《丽达与天鹅》，佛罗伦萨花牌写实风格作品。

谐谑。

然而，达·芬奇构想的画面里没有这些因素。稍加留意就能发现，达·芬奇构想的画面都有蛋和破壳而出的孩子。回顾当初创作的背景，达·芬奇在构思“丽达与天鹅”时，还从事其他两项重要工作：一是开始着手描绘《蒙娜丽莎》，二是解剖学研究，主要集中在女性的生殖系统与胚胎研究上。奇妙的是，他的第一张丽达草图旁边放着一张关于胚胎的人体解剖图。再结合后来在艺术界逐渐认同的，达·芬奇本人的性取向不同于一般人。如果还考虑到他涉及的神话题材较少，基于当时一系列的环境背景，《丽达与天鹅》所要表达的主题，就不能简单归为性爱愿望，更应看作是生命繁衍所蕴含的人类生育意象。

图3-3 布歇《丽达与天鹅》，巴洛克风格，轻佻而甜美。

图3-4 《丽达与天鹅》。

艺术似乎就在不断地建构或重构之中，不过在众多后来者的变与不变中，我们发现“丽达、天鹅、性爱”这样的情节和母题是没有去掉的（如图3-3和图3-4）。这正吻合民间文学中的神话传说，虽然版本各异，情节和母题却依然相似，丽达和天鹅之间的性爱怀孕正是一种“感生神话”的再现。也许正是因为这样，才会被许多读者误解为：达·芬奇“歌颂了人类对性爱的渴望与追求，并向经受蛮横的中世纪禁欲主义统治的世人宣告：人类的性爱活动是天经地义的，也是人类繁衍和种族兴旺的保障”。

【枫哥点评】

人类的历史在不断地建构或重构之中延续，艺术的发展史也是这样，其中的诸多环节需要我们由一个原点出发去探究，类似的话题还有很多。正如本文从“性爱”这个原点出发，从一幅画梳理出主题的变化史，这提供给我们的不仅是艺术的流变，更是一种世界观和方法论。

戈雅：从《着衣的玛哈》到《裸体的玛哈》

弗朗西斯科·戈雅是西方美术史上浪漫主义艺术的先驱。他在1746年3月30日出生于西班牙一个名叫芬德托多斯的小村庄。14岁那年进入何塞·吕尚·马尔金尼斯的画室，开始接受正规的绘画训练。

1789年，戈雅成为查理四世的首席宫廷画师。其《着衣的玛哈》和《裸体的玛哈》两幅躺着的妇女肖像画，给戈雅带来了巨大的声誉，是他创作思想形成过程中一个重要的转折点，也可以说是他创作思想确立的起点。

玛哈是谁？为什么有着衣的玛哈，又有裸体的玛哈？

《着衣的玛哈》中玛哈穿一袭白色透明的薄绸衣裤，束玫瑰色宽腰带，上身套一件黑色大网格金黄色短外衣，躺在一张卧榻上，胳膊交叉放在头下面，暖调子以红褐色为背景，使枕头、衣服和铺在绿色软榻上的浅绿绸子显得分外热烈。软质丝绸紧身衣包裹着玛哈的身体，显示出她丰满肉体的魅力，含蓄而性感。

《裸体的玛哈》中玛哈仰卧于榻上，头枕手臂，微微斜

图4-1 《着衣的玛哈》，收藏于西班牙马德里普拉多博物馆。

图4-2 《裸体的玛哈》，收藏于西班牙马德里普拉多博物馆。

倚，腰肢纤细，娇柔的躯体被软榻上墨绿色天鹅绒的冷调子所加强。有趣的是，人体的比例是不匀称的，她的头略大些，腰又瘦些，脚尖不合解剖结构。

“玛哈”是当时西班牙社交场上对名媛淑女的通称。但

戈雅所画的“玛哈”是谁，众说纷纭，至今仍是个谜。有几种传说，但不足为信。通过两幅图和相关资料，我们可以判断，两幅作品画的是同一个人，姿态神情完全相同，画中的人物丰姿妩媚，从中流露出画家所追求的自由和热情。从图式上讲，两幅《玛哈》是统一的，其差异仅集中在服饰的有无、人物的姿态、光线的处理、色调的情致以及构图等，并且差异不大。但是，如果我们走进当时的历史，从艺术、文化、宗教道德等多个角度审视，作品的差异就会强烈地显现出来了。

除了五官的外在感觉不同外，深层的差异还表现在两个方面：18世纪的西班牙处于封建专制主义时期，在宗教文化上，宗教裁判所和教会思想统治禁锢这个社会，没有摆脱中世纪的牢笼。但是，由于受到18世纪欧洲反封建思潮的冲击，西班牙社会中反封建的先进分子做出了积极响应，戈雅就是其中一员。其绘画作品从《着衣的玛哈》向《裸体的玛哈》的转变，就是当时西班牙社会状况的真实写照。戈雅画《着衣的玛哈》的时候，西班牙正处于贵族、天主教会和宗教裁判所的统治时期，他们以中世纪延续下来的禁欲主义和蒙昧主义思想管制人民的自由，以维护他们的地位。在西班牙绘画史上极少有裸女像，那是不为西班牙宗教裁判所容忍的。不仅在绘画上，就是工艺装饰，直到镜子和家具上面，都不许有裸女形象出现。当启蒙思想之风在西班牙开始传播的时候，西班牙的进步力量试图与世界同步，致力于社会变革。《裸体的玛哈》就是戈雅反对宗教裁判所、压制人民自由思想的西班牙教会和封建势力的体现，也是当时西班牙社会进步势力的心声。戈雅在世俗伦理道德中冲破传统的束缚，在与不符合历史发展的思潮中不断形成自己的创作思想，也影响到艺术史的转变。

另一方面，年轻时的戈雅生活舒适，仕途一帆风顺，艺术思想还沉浸于他的安逸生活之中，《着衣的玛哈》正是这个时期的体现。而《裸体的玛哈》除了社会原因外，还有一个原因就是他在1792年遭逢了一生中最严重的病痛，失去了听觉，他的人生和作品也从此改变。虽然戈雅还很年轻，但从这一刻开始，他的性格骤转，他时而嘲讽，时而怒骂，向传统宣战，并通过艺术作品来宣泄痛苦，表达对社会制度的不满。

可以说，戈雅创作《着衣的玛哈》只是浅层次上的反叛或情感表现，而《裸体的玛哈》是全面的、深入的革命，其矛头指向教会，指向思想禁锢的西班牙，两幅画同样精彩，而后者的意义超过前者。

【枫哥点评】

戈雅是一个智者，面对社会冲突与纷争，他置身事外，独自沉醉。戈雅又是一个醒者，西班牙的宫廷没落、战争恐怖与社会不公尽收眼底，不平则鸣。说到底，少女玛哈只是道具，脱与不脱全凭戈雅掌控。所以，裸体的玛哈是戈雅灵魂的呐喊，至今仍回响在艺术的天空。

马奈：
那些曾经备受争议的作品

尽管爱德华·马奈（Edouard Manet，1832—1883）从未参加过印象派的画展，但他被认为是19世纪印象主义的奠基人之一。印象派的代表人物还有德加和莫奈。

马奈受日本浮世绘及西班牙画风的影响，大胆采用鲜明色彩，舍弃传统绘画的中间色调，将绘画从追求三元立体空间的传统束缚中解放出来，朝二元平面创作迈出革命性的一大步。

1863年，马奈提交沙龙展的三幅作品《穿西班牙衣衫的青年》、《穿斗牛士服装的维克多莉·缪兰小姐》、《草地上的午餐》（原名《浴者》）全都落选。落选的还有很多艺术家的作品，这引起美术界很大骚动，最后拿破仑三世官方决定集中单独展出这些作品。

但民众和艺评家对《草地上的午餐》给予了无情的讥讽。画面描绘的是在一片池边树林的草地上，两个穿戴整齐的男子挨着一个全身裸露的妇人席地而坐，稍远处有一个女浴者正从池边走上来，前面的一角上放了一堆衣服和食物。

图5-1 《草地上的午餐》，藏于巴黎奥赛美术馆。

初看起来，类似“野合”般伤风败俗，一位裸体少女竟然同两个身穿“时尚服装”的男人同席而坐。然而两个男子的姿态是悠闲而慵懒的，紧靠着他们侧身而坐的裸女一手支着下巴露出自得之意。马奈想表现的是林中湿润空气透出的田园风光气息，是男人深色衣服与裸女白皙肉体的对比。作品在遭到攻击的同时，却受到印象主义青年画家的推崇，这一部分是由于作品富有挑战性的主题，一部分是因为画面具有的革新性色彩和笔触。但是显然，在题材和表现手法上，这都与当时占统治地位的学院派原则相悖。马奈直接表现尘世环境，画法上对传统绘画进行大胆的革新，摆脱了传统绘画中精细的笔触和大量的棕褐色调，代之以鲜艳明亮、对比强烈、近乎平涂的概括的色块，这一切都让官方学院派不能容忍。

与此同时，马奈还创作了另一幅备受争议、遭到攻击的油画《奥林匹亚》。这幅画描绘了一个裸身的女子，躺在一张卧榻上；旁边是一个黑人女仆，把一束情人送来的鲜花交给她；裸女的脚边站着一只圆睁双眼的黑猫。当时人们都

叫它《维纳斯与猫》，甚至用以黑猫为题材的漫画来讽刺马奈的作品。如果从构图的韵律、色彩的布置和笔法的流畅来看，裸女躺在柔软的白色靠垫、床单和长巾上，平面简约化，这与人体的肉色相互交织在一起构成前景明亮的色调，画面主题（人物、床、花束、女仆，这让人想到日本的浮世绘）陷在深色背景下格外轻巧、光彩和明亮，强烈对比中配置一位黑人女仆和一只黑猫，在画面上起着由明向暗的过渡。这正是马奈的特色之处。但画中主要人物给人的印象却是心灵贫乏、甚至庸俗的女人（模特身份是妓女）；更奇怪的是作者用了一个象征着美和神圣的名词——奥林匹亚（希腊神话中的圣山）来作为画的题目。当时连马奈的老师都反对这件作品，而波德莱尔却极力支持，评论员左拉更是因力挺而失去职位。马奈自认《奥林匹亚》是自己的杰作，事实也是如此，这是他创新风格的成功。《奥林匹亚》的复制品很多，然而似乎仍无损于原作的醒目与清新。

图5-2 《奥林匹亚》，藏于巴黎奥赛美术馆

图5-3 《缪兰小姐》，藏于美国纽约大都会艺术博物馆。

有意思的是，《穿斗牛士服装的维克多莉·缪兰小姐》、《草地上的午餐》、《奥林匹亚》这三幅作品都是同一个模特——维克多莉·缪兰（Victorine Meurent），有人称她为马奈的红粉佳人。1863年之前，人们只知道她有一头略带褐色的红发，适度的身材，一双丰满挺拔的乳房。在

1861到1874年间，她是马奈钟爱的模特，马奈先后9次把她的身影涂到画布上，第一幅是至今引仍人入胜的《穿斗牛士服装的维克多莉·缪兰小姐》，第三幅是招来一片恶骂的《奥林匹亚》。短短一年间，两幅画从法国评论界和公众那里得到的是截然相反的口碑，同一个人的艺术品能够获得截然相反的社会评论，有人感叹道：除了马奈，谁也做不到。

【枫哥点评】

在艺术史上，马奈是一个处于过渡时期的人物，因此他和他的画充满了矛盾，也极富感染力：画野餐，就画最具争议性的场面；要用色，就大胆引入反差色；遭非议，依然我行我素。可见，特立独行是艺术家的通行证，马奈借助性挑战大众的审美趣味，他和他的作品因此经久不衰。

巴尔蒂斯：少女的歌者

一个能被毕加索称为“20世纪最伟大画家”的人是什么人？一个由超强亲友团培养起来的画家会画出怎样的画？无论是身世还是画作，巴尔蒂斯都能勾起我们强烈的兴趣。

巴尔蒂斯（1908—2001）出身波兰贵族名门，他的家庭是一个美术世家——父亲是美术史家，母亲是画家，哥哥后来成了超现实主义艺术家，家里的客厅总是艺术界名流的沙龙，遇到艺术大师自然是家常便饭。后来大诗人里尔克成为他精神上的导师兼父亲，文坛领袖纪德则资助他完成了学业。虽然没有经过美术学院的科班训练，但卢浮宫里普桑的画是他的启蒙老师。这样一个配置，想必让许多学画之人心驰神往了吧。

幸亏他独具慧根，不负众望地成为能让毕加索都称赞的巨匠。巴尔蒂斯的画是法国具象派的代表，自学时临摹普桑、弗兰切斯卡等文艺复兴时期画作的他，将古典主义华美的色彩、静止的定格感带到了画布上。他的作品中最引人入胜的主题是青春期少女纯真的性感。

图6-1 《金色时光》。

在《金色时光》这幅画里，一个豆蔻年华的少女慵懒地倚在椅子上揽镜自照，她的连衣裙前胸的扣子是散开的，香肩尽露，酥胸若现，裙摆撩起。一个家丁一般的男子背对着画面，在向壁炉里添加木柴。尽管她并不丰满，却叫观者的心如同画中熊熊燃烧的壁炉，干柴不断被加进来，滋啦滋啦地烧着。

《爱丽丝》里面的女孩子基本上全裸，上身着透明的薄纱衫，坦露出一只乳房，下身什么也没穿，她一只脚踩在椅子上，歪着头在整理卷发。画面色彩柔和粉嫩，布局极其简单，画中女孩梳头的表情却带着一种淫荡的暗示。

还有《房间》，一个侏儒般的女仆使劲地把窗帘拉开，阳光洒在沙发上午睡的少女身上，少女全身赤裸，姿势撩人。可是这些却都是少女们再正常不过的生活场景：臭美照镜子、晨起梳头、被佣人催着起床、脱下衣服准备沐浴……

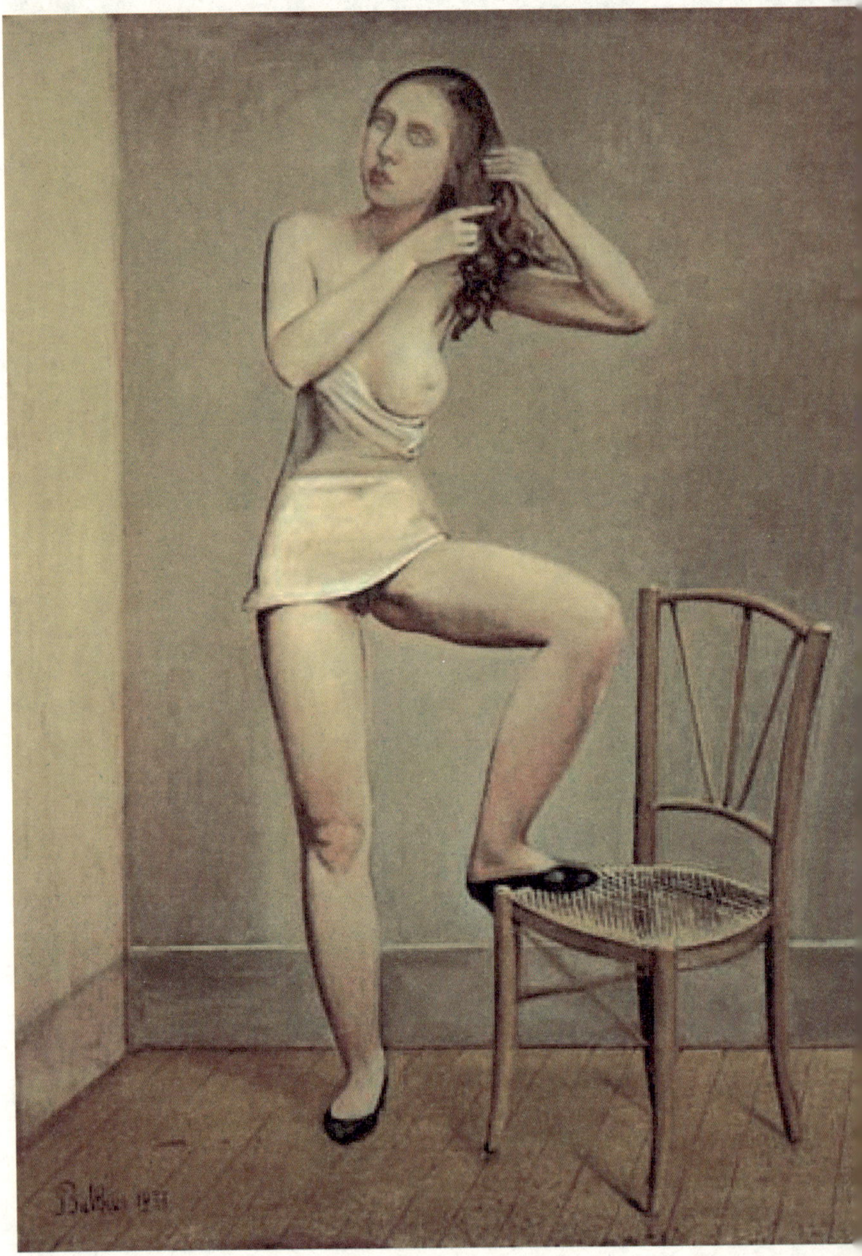

图6-2 《爱丽丝》。

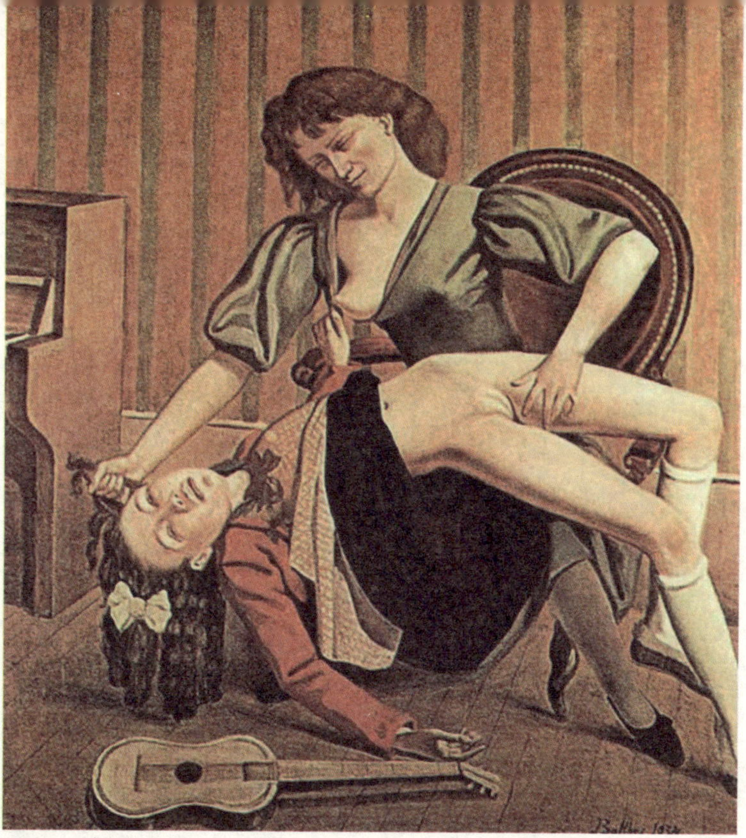

图6-3 《吉他课》。

上一瞬间你可能觉得春色无限，下一瞬间就意识到这不过是个调皮少女，毫不忌讳地释放着青春期的荷尔蒙，盯着画作，你仿佛会听到她们哼着小调自言自语。

真正使画家声名鹊起的是一幅叫《吉他课》的画，画面中的女教师和女学生在拉扯着，本应上课用的吉他被摔在地上。老师的右手扯着女学生的头发，左手伸向了少女的大腿间，而学生的手似乎在反抗的忙乱之中扯下了老师的衣领，使女教师裸露出大半边的乳房，性暴力的信息明显。这幅画作于1934年，因为尺度过大，被放在了巴黎皮埃尔画廊角落的房间展出，只有少数人才能进入房间。尽管如此，还是惹来了巨大的争议，人们纷纷指责画里丑陋的性侵犯，以至于画家晚年解释说这幅画是在生活穷困潦倒、走投无路的时候画的。他当时一心想要出名，即使是恶名昭著也没有关系。当然他也如愿以偿了，这幅画被评论家视为色情绘画，而巴尔蒂斯也落得了“青春期性变态式画家”的称号，虽然后来他的画作中也不乏娈童、虐待等题材，但由于战后他逐渐从专事人物画向风景画转型，对他的批评也渐渐停息。人们大概在他的风景画中发现了这位艺术家深沉博大的内心——这样的人是不可能狭隘地沉溺于色情中的——于是渐渐消除了对他的偏见。

就和巴尔蒂斯所喜欢的古典画一样，他的画作中的人也都是面无表情的，犹如圣像。作为一个性格内敛，甚至有些孤僻的人，他并不通过浓烈的展示来表达感情。每幅画都被设定在封闭的空间里，他本人似乎是以一个偷窥者的角度在观察，或者说，他似乎在扮演一个在顽皮地偷窥邻居家女孩的小孩，孩童的世界有着大人无法理解、无法言说的距离感和神秘感，巴尔蒂斯的艺术激情正是从偷窥的洞中传递出来的。静物般的场景似乎在说“嘘，别吵着她们，不然要被发现的”，让人不禁屏息观看。同时，这些日常画面又是那么地富有叙事性，让人浮想联翩。

然而巴尔蒂斯本人却十分抗拒人们将“邪念”带入观看中，如果把少女的童真看作淫荡，就把她们从天使贬作了魔鬼。“我从来就是用孩童的眼光观察创作对象，我愿自己永远是个孩子”，巴尔蒂斯如是说。

【枫哥点评】

越是天真无邪的场景，越带有一种犯罪的张力，妙龄少女玉体横陈在巴尔蒂斯的画作中是经常见到的，但也容易让人担心，下一幕会不会出现一只大灰狼？反过来，每一幅画似乎又在呼唤观看者回到原点：女孩的裸身是无限美好的形象，带着萌发的生命力和荡漾的春心，所谓人之初，“性”本善，也不过是这个道理。巴尔蒂斯画了那么多的怀春少女，已经成为一个不折不扣的“美少女歌颂者”，想必他本人也很乐意接受这个称号吧。

毕加索和他的缪斯们

艺术家的八卦从来就是个无穷无尽的话题，毕加索作为西方现当代的艺术大师，不仅绘画作品相当丰饶，就连风流韵事也是十分高产的。在一本以他的色情画为主题的展览纪念刊物上，就写着“从某种意义来说，毕加索的全部作品都带色情的”这样的话。谈及性与艺术，毕加索是我们无法忽略的标志性人物。

传闻毕加索生性早熟，8岁开始就表现出对女性形体的兴趣，即将撒手人寰的时候画的画都带着情欲色彩，而他一生中的画作更是绝大部分都与情色有着剪不断理还乱的关系。

初恋情人费尔南德·奥利维成就了玫瑰红时期的毕加索，这个时期的画作与此前蓝色时期的忧郁、孤独形成强烈反差，画面的色彩渐渐从清一色的冷色调转换成柔和的暖色调，画面布景也从清冷、贫穷转换到摇曳多姿的温柔乡。《玫瑰色的裸女们》是这个时期最具代表性的作品，握着酒杯的男子打量着屋里一丝不挂的女人们，以一种绝对权威的目光包围了画中玫瑰色的胴体，热烈的色彩响应着当时毕加索的勃勃雄心。费尔南德是一个模特儿，通过和她一同纵情

图7-1 《玫瑰色的裸女们》。

作乐，毕加索认识了许多从事表演的人，他们也成了他画布上的素材。

正如大多数男人都有一个成熟的梦中情人一样，费尔南德这样肤浅的美人儿是无法满足毕加索的。邂逅了有夫之妇伊娃后，毕加索与费尔南德正式决裂，他为伊娃画了大量画像，并且留下“我爱伊娃”的字样。而伊娃更是情深意重，即使在一战期间身患重病仍不离不弃地跟随毕加索，最终以死亡换来毕加索最深沉的爱。她死后，毕加索在伤心欲绝之下画了一幅耶稣的素描，这是他从来不涉及的题材。

其他的女人就没有这样的好运气了。与第一任妻子奥尔加的婚姻引领毕加索进入古典主义时期，但毕加索却在遇见17岁的玛丽·德雷莎之后迅速与之展开了地下恋情，并租用了沙滩上的帐篷来和这位小情妇偷欢。虽然玛丽是毕加索众多情人中最没文化的一个，但这位身材丰腴的金发女郎却激发了毕加索画下《梦》、《裸体、绿叶和半身像》这些超现实主义的经典作品，情色意味甚浓。《海边的人形》一画还展示出男女相拥，缠绵地舌吻的情景，难怪奥尔加看到这些画时几近精神崩溃。后来被勾搭上的多拉是境遇最悲惨的一个，虽然她本人多才多艺，在艺术上对毕加索很有帮助，但毕加索在与其关系变差时曾经对她施虐，多次将她打得伤痕累累，这些都体现在毕加索的系列画作中，画中女人形体扭曲，都是处于被鞭打的状态。情人间争风吃醋的事情常有发

图7-2 《海边的人形》。

图7-3 《梦》。

生，多拉和玛丽扭打在一块时，毕加索不但不去劝阻，还得意地将情人们的丑态画下，作品《哭泣的女人》就是以多拉为原型。

毕加索并没有为她们中的任何一个停下寻找猎物的脚

步，60多岁时他结识了20出头的新晋女画家弗朗索瓦斯，几经追逐终于赢得美人芳心。毕加索对弗朗索瓦斯说要为她画一幅特别的肖像，他以花朵和绿叶的形式来表现弗朗索瓦斯的乳房和秀发，并将她的脸部处以冷色调，像一盘蓝色的圆月。两人在艺术上也有对话和交流，并协力作出了著名的反战作品《和平鸽》。但弗朗索瓦斯最终还是忍受不了毕加索拈花惹草的性格，在被打入冷宫之后毅然离去，她曾说毕加索诱惑女人的方式就是“给她们画像”。

晚年的毕加索与杰奎琳·洛克成婚，这位逆来顺受的女人成了陪毕加索走到生命尽头的人。杰奎琳低调朴素，把丈夫当作神明一样信仰。毕加索去世后，她怀着巨大的哀伤活了13年，终于不堪心理重负，呼唤着巴勃罗（毕加索的名字）饮弹自杀。

图7-4 《裸体、绿叶和半身像》。

图7-5　弗朗索瓦斯的画像。

浪荡不羁的毕加索把女人玩弄于股掌之间，但还有一个鲜为人知的典故。在他13岁时妹妹病重，他发誓如果妹妹死了他就再也不画画了，但妹妹死后他并没有做到，带着内疚，他开始游戏情场，不再付出真心。这是真是假已经无法求证，但可以肯定的是，幸亏毕加索没有履行他的诺言，否则这世上就少了一位艺术巨匠了。

【枫哥点评】

毕加索曾说女人是“承载痛苦的机器”，他的故事被男人们听了可能会羡慕不已，放在女人们的谈话中必然是毁誉参半的。有人说他是个吸血鬼，吸干了每一个爱他的女人的血，然后用来作画，这么说可能有点过分了。最恨多才情太浅，如果不是女人贪才，爱上了这个风流才子，又怎会落得死的死，疯的疯？明知是浪子，还要将身体和灵魂双料奉上，这些缪斯们大概是自愿向艺术做献祭吧。或许最聪明的是和毕加索这样的人分道扬镳，像弗朗索瓦斯一样自立门户，才是符合现代观念的两性关系。

雕塑

世界上最宏伟的性爱艺术

如果要问世界上最宏伟的性爱艺术品是什么，这个称号非印度的卡朱拉霍神庙群莫属。一般认为，神庙群建于昌德拉王朝的鼎盛时期，是北印度保存最完整的庙宇群落，因位于卡朱拉霍村而得名。当时建成的85座庙宇只有22座保留至今，1986年，神庙被列入世界文化遗产名录。传世的22座庙群分为东、西、南三个组群，其中西区建筑外墙上集中了庞大的性爱雕刻群，虽然只占全部雕塑的8%，却是整座庙群最为世人津津乐道的部分。

既然被称为神庙，自然是供奉某位大神的。对于印度人来说，最重要的三大神是创造神梵天、保护神毗湿奴和毁灭神湿婆。西庙群的坎达里亚·摩诃提婆神庙是卡朱拉霍神庙群中最壮丽的神庙，是供奉湿婆神的。印度的神并不是高高在上冷漠无情的，他们都有七情六欲，湿婆神也不例外。湿婆神的化身很多，但最有代表性的形象是他的三只眼，额上的第三眼能喷出毁灭一切的火焰，曾经烧毁了三座妖魔城市和色诱他的爱神，另外在宗教艺术中他也常以“林伽”的形式出现，这在梵语中是男性生殖器的意思。

图8-1　神庙的浮雕装饰。

走近神庙，便可以看到主殿与会堂外壁有三层高的浮雕装饰，饰带上都是男女诸神、各色女性、爱侣、神兽的形象，男女性交的场面十分醒目。在惊呆之余，你大概也没有能力去数完神庙内外的雕像，因为，这里的雕像总数达872尊！如此大规模的性爱艺术不仅举世罕见，在历史上也是难以逾越的高峰。

千娇百媚的裸女雕像，姿势各异的男女性爱雕像，都让神秘的庙宇散发出浓郁的世俗气息。表现神、人及其生活的雕像堆积如山，林林总总，密密麻麻，令人眼花缭乱。雕刻中的女神都体态丰满，既有反映她们日常生活情趣的，也有表现在仆人的帮助下和男神交媾的场面。

这些雕刻高约1米，繁缛豪华，动作多数扭曲夸张，令世人瞠目结舌。其中有一个反复出现的主题，即一个国王装束的男性，以各种姿态在与不同的风姿绰约的女性交合。例如男子会头顶着地，双腿弯曲，与上面的女子交合。那位女子由两侧的侍女搀扶，控制着身体的姿势。男子张开的双手则同时在抚摸两位侍女的私密部位。据说这与当时流行的印度密教坦多罗教的狂欢仪式有关。仪式里，国王会想象自己就是男神，各色美人则是女神，围绕在其左右，真可谓乱花渐欲迷人眼。

拉希玛纳神庙和瓦拉哈神庙也有类似的雕塑，性爱题材更是超出了男女交合，甚至还有和蛇、象等动物神的不伦场景。在一件单幅浮雕上，毗湿奴仰卧在无边之蛇身上，被蛇缠绕着，7个蛇头围绕大神头部形成花圈，神的妃子拉克希米则温柔地按摩着他的右脚。看着这些雕像，游客们似乎会陷入一种被印度情色音乐包围的幻觉中，久久伫立，难以移动。

在拉希玛纳神庙的外墙上，有一处雕像出现的各种高难度的性爱姿势，成为大家热议的重点。有人认为这些是瑜伽动作，有人认为这些动作都是为了颂赞神而臆造出来的，有人认为这些姿势全部出自印度的性文化经典《欲经》，也有学者认为当时的工匠是先在地上完成雕刻再镶嵌在外墙上的，而竖在墙上后这些姿势才会显得不可思议。但一些深谙

图8-2　高难度的密教造型。

图8-3 男女神交合狂欢。

当地宗教文化的人会告诉你，这些姿势是密教造型。

根据印度教教义，人体是宇宙的缩影，世界由两性组成，两性结合象征生命的创造和再生，是构成宇宙和谐、天人合一的神圣仪式。因此在崇拜神祇的圣地，才出现了如此多的性爱场景。所以，当你再跨一步，进入神庙之后，就会发现内部装饰朴实无华，除了神像外基本上没有其他花哨的东西，这种强烈的对比，反而象征着修行的过程——从世俗行乐到修行极乐，从感官世界到信仰世界，从物质到精神。

卡朱拉霍的传统习俗中，人们为了愉悦大神编排了带有情爱色彩的古典舞蹈。每年的舞蹈节，在古老的神庙前面，人们伴随着宗教音乐翩翩起舞，优雅的舞姿赞颂大神的智慧和力量，妩媚的眼神和手势则传递出世俗与神圣的暧昧交汇。

图8-4　保护神毗湿奴和他的妃子。

【枫哥点评】

宗教本身是神圣严肃的，带着色情意味的雕像却出现在宗教建筑上，还成了世界文化遗产，不了解印度文化的人，会觉得不可理解。其实，宗教与情色看似格格不入，在印度教义中却能紧密结合，他们对鱼水之欢的理解是升华到宇宙大义的。《欲经》中有句话或许能一语道破："性爱的最高境界是淡然无情。"千万别用看印度神油的眼光去看待神庙雕塑，走进神庙就应五蕴皆空，七情六欲都应灰飞烟灭。

柬埔寨和不丹的色欲雕像

东南亚地区散布着许多佛教和印度教的寺庙，除了供奉的主佛，每座寺庙还有很多神秘莫测的雕像，其中有相当数量的“色欲雕像”，并且越是年代久远、越是地处偏僻的地方，类似雕像的数量越多、色欲程度越高。特别是柬埔寨、不丹、印度的一些古寺保留下的雕像，其色欲程度远远超出人们的想象。

柬埔寨的吴哥窟面积很大，色情雕像零零散散，最著名的是大吴哥城南门外的巴戎寺。一座破败的佛塔下面赫然竖立着一根粗大的石雕阴茎，石雕斑驳风蚀，原本光滑的表面要么自然脱落，要么人为损毁，再也无法展现一千多年前的“雄”姿。细心的游客还会发现，这座石雕的底座另有奥妙——原来整根石雕阴茎竖立在一个类似女阴的凹井里，只是几百年的时光磨光了凹井边缘，那些生动线条早已模糊不清，不复当初风采。

高棉语称石刻阴茎为“灵迦”，称女阴凹井为“云妮”。古代柬埔寨信奉小乘佛教，“灵迦”和“云妮”这类佛教中比较经典的雕像，很多寺庙都有，供僧人和信徒膜

图9-1　加亚曼七世神殿里的“云妮”。

拜。在加亚曼七世神殿废墟，有三眼“云妮”，其中两眼保存尚好，能辨清女阴的外貌，汩汩水流就从女阴里面流出，用手接水拍打额头，预示获得一次新生。

不丹是个宗教国家，有佛教、印度教和不丹原教三大宗教，“三教”所属寺庙都有“色欲雕刻”，尤以佛教寺庙为最。由于生产力相对低下，生殖崇拜是不丹重要的社会文化内容，很多人家门口都悬挂木制或牦牛角雕刻的男根和女阴，藏传佛教寺庙中的壁画也有描绘明妃展露下体和与男性湿婆交媾的场景。

位于不丹首都廷布之外的德鲁格耶寺，左右侧殿门前摆放转经筒的廊檐下，各有一尊怒目髭须的石雕，每尊高约90厘米。他们胯下都有一根勃起的阳物，从铠甲里面垂出来，龟头部位被年复一年前来朝拜的信徒摩挲得异乎寻常的光

图9-2　石雕阴茎。

图9-3　不丹百姓家门口的悬挂品。

亮。正面大殿主座佛祖塑像左侧，还有一个小神坛，供奉的是一尊不知名的雕像，外形很像开怀盘膝的笑弥勒，只是多了一根翘起的阳具，呈45度角伸向前方，让人看了觉得又滑稽又敬畏。

德鲁格耶寺还有一个特别之处，每位进寺并且捐助香火钱的游客，都会得到值日僧的额外照顾——用一根木制阴茎在头上轻敲一下，保佑香客多生贵子。寺庙的后殿不对外开放，里面有很多密不可宣的色情塑像、壁画和唐卡，还有一册藏传佛教格鲁派创始人宗喀巴的《密宗道次第广论》，里面颇多关于“双修”和房中术的内容。

【枫哥点评】

宗教艺术中的“色欲雕像”，源于人类对自身肉体的亲近和自恋，很多宗教在原始期都认为赤裸和性爱最能体现人本身的有机生命，以便在轮回中带有与生俱来的美感。当代很多学者认为，宗教场所的色欲雕像还有“以淫戒淫”的作用，把人类社会行为中隐藏最深的性暴露在光天化日下，来帮助修行者增强“性力修为”，以成正果。

简上淇性雕塑

在台湾性学家简上淇的“性雕塑原模展”上，人们发现，原来性雕塑作品也可以对人的性情和心灵起到抚慰及启发熏陶的作用。

简上淇是德国布伦瑞克造型艺术大学雕塑系博士，现任台湾树德科技大学人类性学研究所教授。2008年，他分别在高雄市的豆皮文艺咖啡馆和台南市的汽车旅馆展出“性雕塑原模展”和“性瑜珈雕塑与实践”。

展出的雕塑中，那些略有夸张的紧贴的身体，紧压着的性器，优雅又带有狂野的交缠，有沉静思索的女子，也有伸展双腿的男子，“动”与“静”的结合竟是那般恰到好处。雕塑已经不再是单调静止的摆设品，它们在作者的精心布置和安排下，一下子有了勃勃的生机，吸引并引领着我们的内心，朝圣一般，让心灵面向那“性福”的殿堂。

纵观15个雕塑品，全都是第一眼就让人往性爱姿势联想的动作。给人印象最深的有两件雕塑品：一件是男子弯曲着身体，头却蜷缩着几乎贴到自己的胸部，而女子则跨坐在男子的身上，稍稍弯下腰身，仿佛在注视什么。另一件作品

图10-1　《魔幻三体》素描。

图10-2　简上淇雕塑作品。

则更加大胆，女子紧抱着自己的双腿直接坐到男子的性器官上，男子的阴囊赫然在目，圆滑的睾丸若隐若现，两个人都伸展着双腿，好似可以伸展到很遥远的地方。它们所要达到的方向，应该就是那满是“性福”的快乐圣地，此时，空气里漂浮的，全是令人神往的圣洁气息，毫无杂质的，根植在每一个欣赏者的内心。

作品在表达两个身体的结合所产生的空间张力，以雕塑语言来讲，当两个身体被当成雕塑时，被研究的东西会更丰富，而不只是一个单纯的个体。个体的东西只能做到身体意象、表面肌理，以及面部表情。但当两个身体结合并涉及性时，可以表达出情欲活动、两个人的互动关系、两个身体融合为一个雕塑的和谐关系，以及与它之间的空间感等等。这

图10-3　简上淇雕塑作品。

些大胆的创作，肯定不是为吸引眼球那么简单，更不是为惹人意淫那么浅薄。其隐含的，是作者的美好愿望，希望“性福”之路被普遍实践，更希望艺术品能提升大众的心灵，让雕塑的立体性与美感，结合优质的设计空间，产生特殊的体验。

其实，这一直是简上淇所追求的创作理念，而不是一时兴起的念头。早在2006年他就在“性之美素描展”上，展出了一幅名为“魔幻三体”的素描，画中三名有着浑圆乳房的裸体女子以不同体位融合在一起的“性感点”，昭示了对“圆满性福之路”的向往。

而性雕塑展，简上淇更是将这一理念发挥得更为淋漓尽致，“圆”的元素也随处可见。不同雕塑所呈现出的多变体位，里面那大多具有难度的动作，其实已经不仅是呈现房事里的不同姿势那么简单了，实际是不同的性爱探索，所有的动作和探索都是为了一个终极目的——更加和谐圆满的性爱和愈发快乐美好的人生。

【枫哥点评】

简上淇的雕塑作品一展出就备受争议，甚至被一些人冠以“淫秽”二字，但是，情色和色情恰恰正是区分好事者和欣赏者的界限。正如同大众看到裸体的艺术画，好事者只会看到赤裸裸的生殖器，而欣赏者却能从中得到艺术的熏陶和感悟到身体的圣洁。

性主题公园里公开的性秘密

性主题公园并非新鲜事物，世界上有多个国家先后出现了性博物馆、性主题公园，如：美国的纽约、荷兰的阿姆斯特丹、法国的巴黎、西班牙的巴塞罗那、英国的伦敦、韩国的济州岛等等。这里介绍两个特色鲜明的：

韩国——让人们更懂性

韩国济州岛是著名的风景游览胜地，有一个景点是不容错过的，那就是“性主题公园”。性主题公园本名“爱之岛”，在面积达1.2万平方米的公园草坪上，按照不同的主题布置了82件表现人类性行为和情爱的雕塑作品，如求婚、欲望、恋人、贵妇等。有的作品是按照人体的实际比例做成的，有的则十分夸张，也有一些非常抽象的雕塑作品。主题公园内的每一个设计，都倾注了雕塑家们的心血，几乎所有韩国著名的雕塑家和艺术家都参与了进来，整个公园就是一个巨大的艺术空间。从洗手间的拉手、喷泉、椅子等，到路途中的路标、标识、布景，无不融入了性元素。每一个雕塑作品都表现得非常大胆和淋漓尽致，游客们看到雕塑的第一反应也多是赞叹和欣赏，很多新婚夫妇也会来此度蜜月。

图11-1　一对情侣在韩国济州岛。

很多人逛性主题公园都选择在晚上，因为公园的室外雕塑都配有各色梦幻般的灯光照明，结合富有异域风情的造型艺术和夸张的表现手法，夜幕下显得更神秘。夜晚的济州岛原本没什么可看的景点，性主题公园就成了号称唯一可以在夜间游玩的景点。结束白天游程的游客都会来这里逛逛，一半以上的游客都在下午6点以后入园参观。公园每天早上9点开门，一直到夜里12点才关门，据说未成年人是不允许入场的。

设计者希望通过雕刻艺术的形式将人们在公开场合难以启齿的“性”进一步升华，使人们可以在欣赏艺术作品的同时，丰富性知识。

挪威——世界上最大的裸体雕塑公园

在挪威首都奥斯陆，有一座著名的裸体雕塑公园，1924年始建，它凝聚了挪威著名雕塑家古斯塔夫·维格兰及其弟子40年的心血。公园里有192座雕像、650个浮雕，是世界上最大的裸体雕塑公园。在这里，通过“生命之柱”、“生命之泉”、“生命之桥”和“生命之轮”四部分，从人的婴儿、儿童、少年、成年到老年各个“人生”阶段加以呈现，整座公园渲染的是“人生”这一严肃的主题。

公园的核心是一根由121个神态各异的裸体男女攀绕形成的雄伟挺拔的柱子，那便是“生命之柱”，这壮观的石雕采用了270吨大理石原材料，柱高17米，是维格兰及其学生历时14年才完成的雕塑。这个伟岸的生命之柱被周围数座表现母子、情人、夫妻、父子、兄妹等友爱、情爱、性爱、亲情的单幅石雕环绕着，爱从始至终贯穿着人们的生命全程。

“生命之泉”是一组由喷泉、雕塑和浮雕组成的正方形的喷泉雕塑群，喷泉从6个石雕巨人用脊背托起的巨大石盆中喷涌而出，水花飞溅，十分壮观。喷泉的周围是四组以人生的少

图11-2 挪威裸体公园部分实景。

图11-3 “生命之桥”。

年、青年、壮年和老年为内容的雕塑，而每一尊雕塑都是人和树木的结合，也有人称为“生命之树”，它和水池四壁的60幅浮雕一起，把人的生命从起点到终点，完美细致地表现出来，寓意生命之泉长流，生命之树常青。

“生命之桥”两边围栏上的58尊青铜雕像，栩栩如生，各具形态。石桥上都是普通人的塑像，场景全部来自日常生活。有相互凝望的恋人，有蹒跚学步的小孩儿，有依偎着母亲撒娇的少女，有抱头躲避父亲追打的少年，也有搂着肩说笑的姐妹。

“生命之轮”由一家老少三代，4个成年人和3个孩子组成，手脚相连形成了永远旋转的转轮，象征人生的完美和永恒。从“生命之轮”沿台阶向下，有一个底座刻有12星座的记时日晷。日晷放置在“生命之柱”之后，仿佛是一个时间的坐标，寓意为当人们思索完生命的沉重后，要从这里开始好好计

图11-4　挪威的“生命之柱”。

算一下未来的道路，预示着生与死，生命的循环延续。

每天，前往维格兰雕塑公园参观游览的各国游人络绎不绝，就连当地的奥斯陆人，有时间也喜欢往这里跑。在这里，你可以解读人生的价值和意义，也可以品味生命的伟大和尊严，还可以咀嚼命运的痛苦与无奈。

【枫哥点评】

韩国、挪威的雕塑是一个欣赏价值很高的景点，有创意，有特色。2009年，号称“中国第一座性主题公园”的重庆洋人街性主题公园，在未经审批的情况下，就对外开放并收取费用，结果被有关部门拆除。改革开放30多年来，凡涉及“下半身”的产品都能让商家赚到笑，至于是健康性教育还是低俗性猎奇，消费者自然心知肚明。性主题公园不是不能搞，而是要把握好分寸和适度。性教育应该是阳光健康的，利国利民的。若把性教育当成谋财手段，便不是教育而是亵渎，甚至是犯罪了。

摄影

“让最多人脱光衣服”的群裸摄影大师

如果吉尼斯有“让最多人脱光衣服”的纪录，那么创造者非斯潘塞·图尼克（Spencer Tunick）莫属。若你在网络上看到哪儿又出现了裸体大游行，不用怀疑，那就是图尼克正在进行的巨型艺术创作。

图尼克1967年出生于美国纽约的一个摄影师家庭，他的曾祖父在纽约拥有一家大型摄影俱乐部，他的父亲后来也成为一名摄影家。

图尼克第一次尝试拍摄大型裸体造型艺术作品是在1992年。在那个清晨，当大部分纽约人还沉浸在睡梦中时，他和一群裸着身体的人一同出现在空无一人的纽约金融区进行拍摄，从此，他正式走上了这条“群裸”摄影道路，用相机和摄像机记录裸体的人们。他创作过的最大型的作品，是2007年5月在墨西哥首都墨西哥城宪法广场上完成的，共有1.8万人参与了拍摄。

图尼克的大部分作品中，裸体模特被安置在离镜头非常远的地方，而且和背景建筑形成强烈对比，让人体在钢筋丛

图12-1　2007年5月6日，在墨西哥首都墨西哥城宪法广场，图尼克为近两万人拍摄集体裸照，此举打破2003年他在西班牙巴塞罗那为7000人同时拍摄裸照的纪录。

林中形成独特的美感。参与者姿势或统一或各异，或直躺或蜷缩着，数百数千个裸露的身体，甚至延伸到照片最深处。大量人体在城市景观中出现，给人一种强大的冲击力，黑的、白的、黄的人体，男人女人，年轻人老人；美的丑的，胖的瘦的，都是坦然的表情——坦然的人体都是美的。

图尼克从不使用“模特”这个词，他管那些参与他作品的人叫做“人体”（body）。按图尼克的话说，他所从事的是“在公共场所进行的、由很多裸露的人体组成的、临时的装置景观艺术”，而相机只是他用来记录现场的一个工具，有时他还会用上摄像机。

一直以来，图尼克的“裸体造型艺术”都颇受争议。在一些国家，不但政府首脑支持，而且会出动数千警察和军

图12－2　2001年，在瑞士西部城市弗里堡，图尼克在300余名裸体行为者面前举起相机。

人协助维持秩序；而在另外一些国家，则被认为“有伤风化”，遭到抵制。即使是在他的祖国——美国，图尼克也曾因为进行裸体拍摄而被逮捕过好几次，逮捕地点几乎都是在纽约最出名的建筑景点，比如洛克菲勒中心和时代广场。为此，他从2000年开始聘请律师起诉纽约政府，坚持认为那些“只是裸体而已，我用他们来组成画面，跟色情绝无关系”。

在很长一段时间内，招募志愿者成为困扰图尼克的大问题。最初拍摄时，图尼克是在美国各个城市的街头锲而不舍地发放传单，邀请人们加入，但很多人还是像看到怪物一样落荒而逃。

图12-3　2008年，在维也纳哈佩尔足球场。

如今，网络和各国当代艺术馆的帮助是图尼克招募志愿者的主要方式。他还拥有一个网站，专门用来接受志愿者的报名。报名者除了国籍、城市、性别等常见的信息外，还要填写一个重要的选项：肤色。参与图尼克作品的志愿者获得的报酬，是一张有他们参与的照片，图尼克说，"这是一件由他们组成的艺术品"。即使有时为了构图的需要，他们中的一些人并没有真正地出现在最终的版本里，拿到照片的人依旧兴高采烈。图尼克说，有个志愿者甚至把照片印在T恤上，并用红色箭头标出自己的位置，旁边标注说："看，我在这里！"

现在，来自全世界各地当代艺术组织的邀约让图尼克应接不暇。很多人都很配合很主动地参加图尼克的拍摄工作，

图12-4　2008年，在维也纳哈佩尔足球场。

不会因为是在公共场所裸露而害羞或者畏惧，相反他们对这样的行为有着难以抑制的兴奋——也许这是他们唯一可以在被允许的情况下触犯一些公共禁忌的机会吧。

【枫哥点评】

偶尔看到几只蚂蚁或几只蜜蜂在一起，我们不会很惊讶，但当它们密密麻麻聚合在一起时，那就只有用壮观来形容了，更何况是赤裸的人体。在脱掉衣服的过程中，人类的神秘之处会浮现出来，但同时体现的还有挑战与力量。斯宾塞·图尼克创作的大型公众裸体行为艺术，其实就是展示这种整体的美，令人震撼。

私人纪实摄影鼻祖南·戈尔丁

1986年，美国摄影家南·戈尔丁（Nan Goldin）在她的摄影作品集《性依赖的叙事曲》（*The Ballad of Sexual Dependency*）中，勇敢地放入了自己被打得鼻青眼肿的自拍照，从此，摄影者只是观看者的惯例被打破，一种大胆地将私人生活纳入纪实摄影视野的新型体裁——“私人纪实摄影”开始进入大众视野。

几乎大多数卓有成就的艺术家，都有过不平凡的经历，南·戈尔丁也不例外。她1953年出生于美国的一个中产阶级家庭，11岁时，姐姐的自杀在她的心里留下了无法磨灭的阴影。她14岁离家出走，开始与各种自我放逐于美国主流社会之外的同性恋者、异装者、变性人一同生活，经历了情感与性爱、依赖与自立的心路历程。

因为害怕失去所爱的人和物，南·戈尔丁开始拿起相机，用影像记录下自己和朋友的生活情景：肮脏而混乱的床铺；光着身子走来走去；酒吧狂欢；同性或异性间的接吻、做爱；性感的人妖；男扮女装出门兜风；卫生间刮胡子；楼梯口打情骂俏；大腿上的心形伤痕……

图13-1　南·戈尔丁作品。

南·戈尔丁说过，她只有在摄影中，才能感受到一种“稍微可以由自己控制自己的人生方式”，而且在摄影的真实记录中，“自己的人生也就难以修正了”。她用照片来展开自我倾诉、保持记忆，称自己的照片为“视觉日记”。

1986年出版的《性依赖的叙事曲》就是一部典型的“视觉日记”。作品描绘了南·戈尔丁本人和朋友们与性有关的日常生活，由于它的表现过于露骨，评论界对此褒贬不一，毁誉参半，不少艺术家开始重新质疑摄影者与被摄对象的关系。

南·戈尔丁的照片总是流露出强烈的欲望。《性依赖的叙事曲》里拍摄的大多数对象在90年代之后都已经不在世，他们大都死于吸食毒品过量或艾滋病。之后，南·戈尔丁的拍摄题材逐渐拓宽，包括性、男人和女人、家庭、人妖、人与人之间的各种亲密关系。

南·戈尔丁从不掩饰、回避自己真实生活中的阴暗面。她曾与一名吸食海洛因的男子纠缠在一起，以至于自己染上毒瘾，直到1988年，她离开那位男子，并接受了一年的治疗。等她重新回到社会时，她将那段经历如实地记录在影集《复发/戒毒》中，用照片来警醒自己曾历经的苦痛，自此远离了酒和毒品。随后，她带着照相机游历世界。1992年，她以曼谷、马尼拉、柏林、波士顿等地的同性恋为拍摄对象，出版了作品集《另一边》。她说自己是为了向那些曾当过模特儿的朋友表示敬意，希望那些性少数人群从影像中找到一些自我认同感。1994年，她还与日本摄影家荒木经惟合作，拍摄表现东京街头青年生活的摄影集《东京之爱》。1996年，纽约惠特尼美术馆以《我将是你的镜子》为名，为她举办了25年摄影回顾展，在那次展览中，她那些反映后工业社会中人们精神荒凉的纪实作品受到了肯定。

许多摄影爱好者看过南·戈尔丁的照片后，第一感觉是：“我拍得都比这好!”比如她经常在光线很差的地方拍照

图13-2　老夫妻接吻。

片，导致快门太慢而糊掉。但她似乎并不以此为意："如果我想要拍照，那么无论如何我都会拍。"对她来说，重要的不是照片的质量，而是所拍的东西。

南·戈尔丁作品的第二个特点是，她总是将自己置身于作品中，自己既是创作的主体也成为创作的客体。她的拍摄对象，都是来自她的家庭、朋友、朋友的家庭和朋友的朋友，比如那张老夫妻接吻的照片，就是她的父母。因为这种风格，她要经常长期固定拍某些人的裸体和性这些非常私密的照片。

她说她的作品大概是因为没有僵化的性别意识，所以才更容易进入人们的精神世界。任何时刻，任何角落，每天总有饮食男女在无事之际、在性事之后或沉默、或发呆，也许我们看到，也许我们经历，可是这些一晃而过不经意的暧昧场景，南·戈尔丁却用另一种方式表达，她似乎要让人读透

图13-3　南·戈尔丁作品。

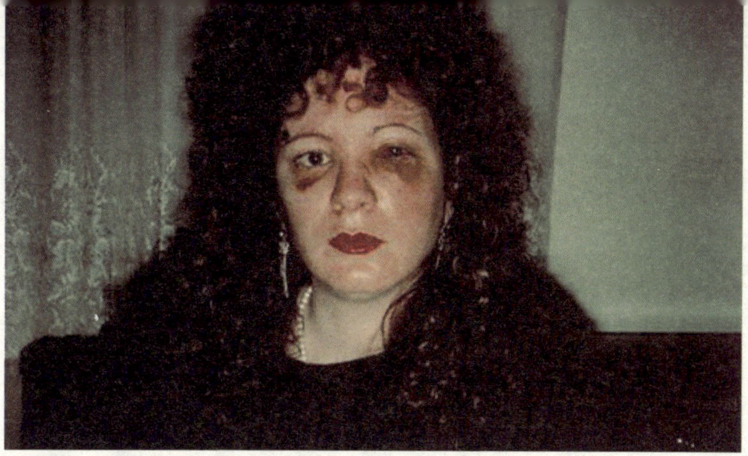

图13-4　南·戈尔丁的自拍照。

这些景象背后的意义。事物的暧昧领域往往是南·戈尔丁选取的视角，她用相机来表达思考，启人深思，让人关注到事物表象覆盖下的层次，并且让人们以更加公开的态度对待女性、性等现实问题。

诚如叔本华在《论生存的虚无》中所说，在这个世界上，一切都是瞬息变化的，令人难以忍受的，一切都被卷入一个急速变化的漩涡之中，“惟有瞬间才是现存的”，而这种存在如白驹过隙。

【枫哥点评】

摄影若是作为写实的记录，便成了拷贝的同义词，而要彻底表现，又会脱离现实。南·戈尔丁在表现与记录中，找到了作品的方向，她的“视觉日记”用最真实的影像为生活写入了注解，她也因此成为一名出色的摄影家。作为一名摄影者，她不猎奇，不偷窥，以一颗平等的心去感知生活的温度，去挖掘人生的真相，作品因而更人性、更动人。

情色摄影大师赫尔穆特·纽顿

赫尔穆特·纽顿（Helmut Newton，1920—2004）是世界几大顶级时尚杂志的专用摄影师，被视为摄影界先锋。他擅长透过镜头探索权力、性别角色与冷情欲，作品打破了时装摄影一贯文雅、端庄的风格，将时装摄影推到了刻画情欲的边缘，并激发了“色情时尚”这一词语的产生。

犹太裔的纽顿1920年出生于德国柏林，从小酷爱摄影。1936年，他跟随擅长时装、肖像和人体摄影的女摄影家伊娃，展开他的摄影生涯。之后，由于遭受纳粹的迫害，伊娃不幸被抓进集中营，摄影室被关闭，纽顿也走上了流亡之路。他于1938年前往新加坡当摄影记者，1940年到澳大利亚当兵，退役后在墨尔本开了个摄影工作室。在那里，他遇到了他的太太June Browne。1957年，纽顿和太太迁居巴黎，1981年定居于蒙特卡罗，至2004年死于车祸。

20世纪60年代以后，纽顿跟无数的时尚杂志拍照片，如*Vogue*, *Linea Italiana*, *Queen*, *Nova*, *Jardin des Modes*, *Marie-Claire*, *Elle*, *Playboy*等，成为著名的时尚和人体摄影师。与此同时，他作品中奇特的人物形象开始引起艺术界的

图14-1 《她们来了》。

图14-2 《她们来了》。

图14-3 《她们来了》。

注意。

1981年，纽顿拍摄了一组黑白裸体女人，取名为《她们来了》，并且堂而皇之地在法国的《时尚》杂志上发表。《她们来了》由两组照片组成，第一组是四个身穿臃肿西服套装的年轻女子，以一种目空一切的神态昂首阔步地走来。而在第二组照片中，她们却以全裸的身姿，以与第一组照片中完全相同的神态和步态走来。作品用臃肿的服装证明了服装对肉体的扼杀作用，同时也体现了身体与服装之间的相互利用又相互排斥的关系。这组照片使得纽顿真正让全世界所认识，摄影界认为，《她们来了》预示着时装摄影中一种新

图14-4 《她们来了》。

的审美观的诞生。

纽顿曾在自传中说，在他很小的时候，曾经目睹他的护士在准备出门前半裸地站在一面镜子前，这让他印象深刻。也许是受童年的印记影响，他偏爱让模特表现这种旁若无人的性感挑逗姿势。

纽顿作品总是会出现许多阳刚挺拔的女性形象，以及变装的女性，而他自己甚至也曾经让妻子扮作男人拍照。这些高大英挺的女性肖像作品，改变了一般人对女性优柔的刻板印象。他的作品另一大特色是展现女性的裸，照片上女性丰满的乳房和咄咄逼人的眼神，暗示着邪恶与征服的渴望。这些照片极大地触怒了全世界的女权主义者，他们认为纽顿的作品并不是赞美女性的身体，而是男权思维的彻底流露。然而，也有不少纽顿的拥护者把他的摄影作品奉为艺术杰作，认为他是一个用摄影为媒介的隐喻艺术家，通过华丽的女人、昂贵的睡袍和色情的场景创造出奇特的虚幻世界，并以此完成道德或者政治的反抗。

【枫哥点评】

纽顿有句名言：知识分子热衷于讨论摄影的意义，于是摄影师按下快门的手越来越犹疑。这种情况发展下去，可能导致摄影两极分化，到最后只剩下两种人——新闻摄影师和哲学家。是的，我们让太多的纪实摄影师背上道德包袱，甚至有人希望相机的镜头都成为描述大众苦难的眼睛。可是，这个世界是由梦想和欲望、而不是怜悯和同情所推动的。相机也可以和画家的画笔一样描述我们对美丽的幻想。再看看路边各种广告中的美女，确实觉得跟纽顿的作品差了不少。一个人一生有一个别人没想到的创意就很了不起了，纽顿就是这样的人。

中国人体摄影者的酸甜苦辣

小亮（化名）从2005年开始从事人体摄影艺术的创作。自艺术学院毕业后，他从事过很多工作，终究迷上了人体摄影。这些年来他和他的团队拍了不少人体艺术作品，经历着“北漂”的生活。

小亮最苦恼的是难以找到合适满意的模特。他始终记得一个叫丹的“人体模特”。丹身高1.65米，就读于一所民族院校，她之所以应聘模特，是因为家庭条件不好，读书需要钱。小亮刚开始出于多练练手的想法，就凑合着跟丹接触。由于双方都需要一段时间的磨合，加上没有什么经验，拍一张照片往往要磨蹭半天，结果没拍几张，约定的时间就到了，小亮不得不履约。第二次约拍，丹出乎意料地表现得如一个“老手”般娴熟，还加入了不少自我的构思元素，令小亮刮目相看。原来丹泡图书馆，看了不少专业书，还找“闺中密友”演练，恶补了不少功课。一年后，丹出国深造。小亮当时莫名其妙地有种心酸的感觉，还夹杂着几丝美好的回忆，不过现在这种个人情感流露已经很少了。

凡是执著于自己的艺术追求，并实现着自己人生理想的

图15-1　模特放松状态下获得的作品。

人，都会为之付出艰辛的努力并甘愿自找苦吃。小亮刚从事这个行业时，三伏天，头顶烈日，背着沉重的器材，经受户外极限的考验，很多场景都需要跋山涉水“远征”一番。在一次“穿越青藏”主题活动拍摄过程中，为选择一个合适的场景和追求光线的完美，他爬到拍摄最佳点时突然感到胸闷气短，两眼一黑就晕了过去……当然也苦中有乐，去户外搞创作充满着新奇和兴奋，既考验摄影师的体力，又检验摄影师的脑力。如通过引导模特进入事先设计好的情节，考虑到模特的心态，经过反复演练和精心准备后，才脱掉衣服进行实拍，这样处理双方都更加满意，这可说是小亮的独特经验。那次回来后，小亮在摄影手记中写道：“自找苦吃的另一种含义就是：为着自己的追求下狠劲，然后享受甜美的果实。”

在这个行业闯荡多年，小亮至今仍有些雾里看花，特别是涉及一些敏感话题时，小亮会抛出他的“约法三章”：以艺术创作为宗旨；不做违背法律的事；讲求职业道德。他有过一些教训：一次与人体模特签订合作协议时，由于法律知识的欠缺和文字表达不规范严谨，差点因在一些报刊上发表作品而触及肖像权问题，险些付出沉重代价。什么是艺术创作者的职业道德？艺术与色情的界限在哪里？“业界基本上从三个方面来对两者进行区分：第一看创作动机，艺术家表现的是美的造型、力量和生命，而那些色情的、不健康的照片，追求的是性、感官刺激；第二看创作手段，人体摄影

图15-2　黑白基调给人以神秘和思考。

图15-3 在干净的草地上专注着自己的身影。

原则上是摆拍，而色情则是在被摄者不知情情况下的抓拍、偷拍；第三看发布方式和渠道，作为艺术作品的人体摄影，摄影者和被摄者签订了协议，都愿意通过正规途径，公之于部分领域，得到社会的认可与交流，而色情照片通常不敢见人，匿名发布或者作为私下交流。”小亮作如此解读。

从事人体摄影多年，小亮算得上资深了，但仍会碰到不少尴尬事，有在野外碰到陌生乡民后被围攻的，有正在举办影展被人举报的……最感到郁闷的是2008年，一位20来岁的女顾客找到小亮，要求帮她拍一组人体写真照（当时这个女顾客的“男朋友”也在场）。不久他居然被当地派出所问询，原来那位女顾客是位性工作者，被随身搜出了裸照，小亮因此被牵连受罚。

几年下来，小亮接触过不少人体模特，从中体会到不少酸甜苦辣，也逐渐领悟到身体和生命艺术的深意，迈出去的脚步无论如何也要向更好的方向走下去。

【枫哥点评】

谈到人体摄影，人们总喜欢将美丽与丑恶、崇高与低俗、灵魂与肉体区分得一清二楚。艺术不能用性来简单概括，在人体摄影创作中摄影家的艺术人生是怎样的？他们会遇到哪些始料不及的事情？也许，正如文中所反映出的四个字：酸、甜、苦、辣。

其他

中国古代性文物

中国是世界性文化最古老、最重要的发祥地之一，在世界性文化史上占有极为重要的地位。“说今宜鉴古，无古不成今”。一件件各个时代的性艺术品保留着每个时期关于性的历史，是研究各个历史时期性文化必不可缺的实物。

图16-1 反映女阴崇拜的玉雕。

图16-2 反映男根崇拜的玉雕。

图16-3　歪鼻紫砂壶。

远古人类不可能有现代人类如此丰富的科学知识。为什么男女在一起，不久女方肚皮里会生出一个小孩来？这让他们感觉很惊奇，认为性与生殖现象是一种超自然的力量，充满敬畏和崇拜。图16-1是女性生殖器崇拜的玉雕：一位呈蹲位的、丰乳肥臀的妇女把女性生殖器高举于头上顶礼膜拜，其中包括阴蒂、大小阴唇和阴道口，其背后则刻有甲骨文样的原始文字，意喻生命息息不止。图16-2是男性生殖器崇拜玉雕：一位呈蹲位的男性用双手扶持自己硕大的阴茎，作虔诚的顶礼膜拜状。性器官崇拜现象至今在我们的语言文字里还有迹象，“祖”字的本义是由男阴的象形字“且”加上指代神祇的“礻”部组成，意为祭祀男性生殖器。故“祖”字实际上是男阴祭神之意，这和后来的男权社会、重男轻女的观念都有关系。另外，图16-3的大鼻子是清代紫砂圆雕，俗话说：十男九弯。这件作品十足地体现了这一点。古今中外都认为男人鼻子的大小暗示着其生殖器的大小，甚至采取割鼻子的办法来惩治性侵犯者。

《周易》称得上是中国古代的哲学名著，其中提到“天地絪缊，万物化醇；男女构精，万物化生”，认为男女性爱是一件神圣的事情，甚至带有超自然的力量。因而，古人认为生殖器有镇灾辟邪、以毒攻毒的功效，在一些坟墓四周墓砖上通常会刻有生殖器官乃至人物交媾图，或在陪葬品中放有这类物品，以此来祈求子孙繁盛，同时也可避免墓主人受到意外之灾。

在神话传说中，伏羲、女娲是中国人的始祖，属于主管繁衍的神仙。图16-4是在唐代吐鲁番墓地出土的一批伏羲女娲图中的一幅。彩绘伏羲（男）、女娲（女）二人，人首人胸，蛇躯或者龙躯，以手搭肩，上身相依，下身呈螺旋形互相绕合。二人上方有象征太阳的圆轮，尾下是象征月亮的半月。伏羲、女娲是中国神话传说中人类的始祖，正如西方世界的亚当、夏娃一样，他们结为夫妻，阴阳交合，日月交替，从而衍生出人类万物。我国古代有“天圆地方”之说，伏羲左手执矩象征地，女娲右手执规象征天，同时他们还有“司天规地”的意思。再说远一点，后来所谓“丈夫”指男人，男人在田里干活，要用矩量量有几亩地，还衍生出一种权力的象征，如“权杖”。女娲手里拿的是规，在古代有一种“巫”研究天象，巫是女的，在古代能沟通天地。

汉代的瓷合体人、唐代的铜合体人及明代的煤精合体人（图16-5）都应是由伏羲、女娲两个始祖神形象演变而来，家里摆上这样的装饰，表示主人希望儿孙满堂。

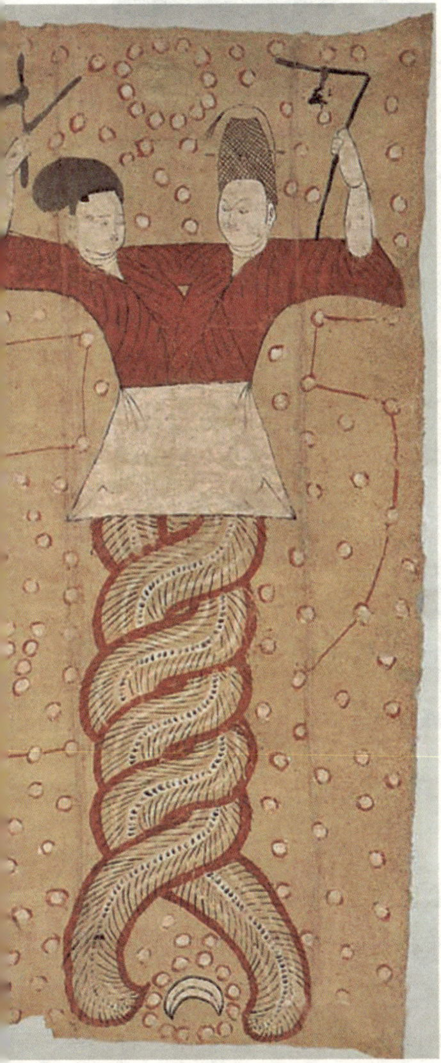

图16-4　伏羲女娲图。

图16-5　汉代瓷合体人。

图16-6　石榴花手炉。

古人有“天人合一”的思想，常常通过“取类比象”认识事物，比如鱼、蛇、蛙、蟾、鳖、葫芦、石榴等生育后代多，古人就将它们看作是促进生育的图腾，通过艺术形式将

图16-7　蟾形青铜扁壶。

其引入到自己的生活中。猪的形象也被艺术化，引入到性文化领域。猪在普通人眼中代表吉祥和财富，因为猪的繁殖力很旺盛，引申出猪也是情欲的象征。

从这些艺术品中可以看出，中国古人一直将性当作一种积极、有益的人生乐趣，其中有生育后代的需求，也有快乐的享受，甚至将其上升为一种技艺和学问。一个浅显的道理是，没有性便没有人类的自身再生产，也就没有人类历史，就不会继往开来，只有研究性的发展史，我们对性的认识才会全面和深刻。

图16-8　猪枕。

【枫哥点评】

中国古人对待性是又夸张又含蓄，一些艺术品做得非常直露，这是夸张的一面。虽然画面直露，但又将其做得比较隐秘，物件也比较小巧，大件的则多是想象力发挥的结果，明白的人一看就会意，不懂的人则难窥其中深意。在对人体美的颂扬方面，中国古人一点也不逊色于西方。中国古代玉雕，很多会对女像的肥臀、隆腹、乳房、阴部、三角形记号等处作夸张处理，以显示对女性生殖能力的崇拜，其审美观念与西方的维纳斯有所不同，不唯美却更为务实，这在一定程度上也是父权社会中男性性心理取向的反映。

古希腊罗马的情色文物

西方文明的一大源头便是古希腊文明，古罗马紧随其后。这两大文明在性艺术方面，丝毫不逊色于后世的任何一个文明，可谓是描绘了性的千姿百态。任何一个普通人，看过古希腊的雕塑陶画，古罗马的庞贝壁画，还有诸多性风俗的文化遗留物，都会觉得大开眼界。

古希腊是典型的男权社会，女性地位较低，而男人们也没有强烈的异性恋观念，所以社会上“男风”盛行，男男相恋天经地义。当时甚至有一种风俗习惯，让年长的私人教

图17-1　跳水者之墓。

师做年轻男孩的老师，两人互为爱侣关系，且以爱人称呼对方。因此，在这个时期出现大量相关艺术作品便不足为怪了。古希腊出土的一些花瓶的彩陶画上经常出现令人惊讶的男同画像的场面，除了性爱还有手淫、兽奸，即便在今天看来也是登峰造极。关于这些场景的含义众说纷纭，有的人认为是古代仪式的一部分，是宗教性的；有的人认为是描绘了神话里的场景，属于虚构；有的人则说就是日常生活的反映。无论是以神的名义，还是以神话的名义，艺术源于生活这一点是不可否认的。古希腊性文物中还有据说是爱尔兰妇女用皮革做的人造阴茎，须知当时女人地位如此卑微，而男人又成双成对，为了对付生理需求，只好用手淫器具自我满足。就连大喜剧家阿里斯托芬的戏剧中也曾经提及，这些玩意儿是“安慰我们这些可怜的孤身寡妇的东西”。

生前死后，人们都对男子相恋的题材念念不忘，以至于在坟墓中也画上了这样的画面。古罗马文明的摇篮，意大利的伊特鲁里亚文明就是一例。著名的“公牛之墓”、“跳水者之墓”都是描绘这样的主题。公牛之墓的壁画上，一只精力充沛的蓝头公牛正朝着希腊神话英雄——神之子赫拉克勒

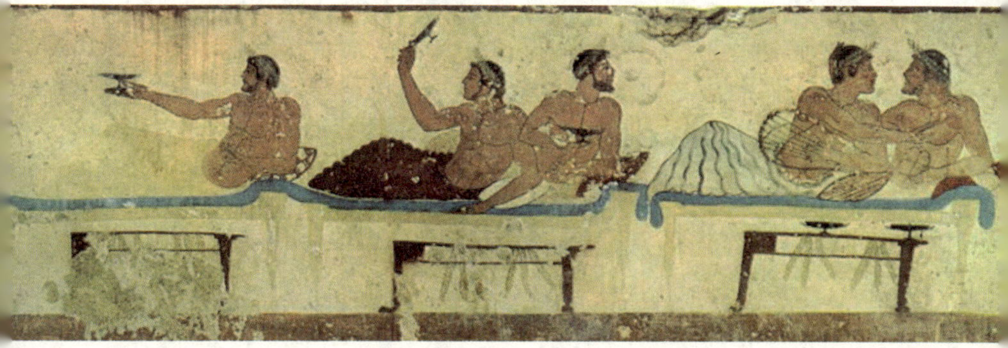

图17-2　公牛之墓。

斯冲去，这头牛本身便令人觉得雄风十足，而赫拉克勒斯同时却在和另一个男子进行性行为，场景的性意味不言而喻。还有跳水者之墓，10个男人，同床共寝，弹琴作乐，举杯畅饮，这边的男人扬起滴酒不剩的酒盏；那边的男人抚摸着手里的七弦琴；有一对视线交错，互相靠近，全然忘记了手中的乐器；有一对酩酊大醉，头痛欲裂；又有一对相谈甚欢，纵情相望；还有一对貌合神离，这些场景暧昧气息十足。

古罗马艺术中随处可见阳具崇拜。古罗马的装饰许多都是蛇头的形状，而说来真是前无古人后无来者，人们的护身符竟然也做成了男人生殖器的样子！各种奇形怪状的阴茎象征物都被认为有驱邪的功用，于是人们在脖子上、腰间、家门前、店铺外、城门上，都挂着琳琅满目的人造阳具护身符。

庞贝古城从公元前82年起成为罗马的领地，公元79年因维苏威火山爆发而埋没，18世纪40年代开始发掘，大量壁画出土，发现了一批色情题材的壁画，画面表现直露，这些画后来也成为后世人关注的焦点。这批色情壁画中，女性的裸体形象变得多起来，和彩陶相比色彩也更加鲜艳，不变的是其中狂欢的主题。古罗马以性开放著称，男女共浴就是一个突出表现。壁画中的女性丰腴多姿，身披轻纱，身体一览无遗；男性强壮有力，性器官也是异常夸张，大有“酒池肉林”的气势。

图17-3　古罗马的护身符。

人们认为这些壁画的出土地点是一个古代妓院的遗址，学界对画的来源也有不同的意见，围绕这个话题的讨论也非常有意思。一些人认为，这些壁画不仅是妓院的装饰，也是巨型的广告宣传，人们在观看画面的时候会受到性刺激的驱

图17-4　庞贝古城出土的壁画。

使而进入妓院消费。对于男性生殖器的尺寸过大，还有人认为是生理缺陷，这些画并不是表现男性威武的一面，而是娱乐大众的。虽然经过岁月的洗礼，我们已经看不清画中人的表情，但情欲意味甚浓的欢爱场面却依旧可辨。

古希腊、古罗马在性艺术的表现上险些穷尽了观众的想象力，作为西方文明的老大哥，的确当之无愧。

【枫哥点评】

很多人总以为古时候的人比现代人蒙昧落后，实在是大大的误解啊！看看古希腊、古罗马的艺术就知道了，对于那时的人来说，及时行乐是第一生产力。学者认为古罗马帝国最终因为纵欲而走向灭亡，那是因为超过了正常的尺度。但是，人性里的欲念只会越浇越旺。现代人的心理亚健康比古代要严重得多，归根结底，是观念没有摆正，把人性里固有的纯正的东西当成歪风毒草啦！

“神秘”的性舞蹈

关于舞蹈的起源，有众多的说法，其中一种便是“性起源”说。原始初民有许多性崇拜的内容表现在舞蹈上，他们举行的一些祭祀活动如“蛙祭”、“鱼祭”等都往往有男女

图18-1　现代设备下的“茅古斯”。

图18-2　岩画。

性交的意味，原始舞蹈中充满了神圣的性交崇拜。

考古学发现的岩画是其中的一个方面，岩画中男女在群舞，他们头戴羽饰，手舞足蹈，男子似双手叉腰，单腿站立，阴茎夸张地向上勃起。女子的胸部上画有两个圆点，来象征乳房，显得娇媚奔放。

同样，经过一些民俗学者的证实，在少数民族中还有性舞蹈的孑遗。如土家族茅古斯舞的现代表演。在旧时，其内容包括“扫堂”（意为扫除一切瘟疫、鬼怪，使后代平安）、“祭祖”、“祭五谷神”、“示雄”（表现全家族人民的生存和繁衍）、“祈求万事如意”等环节，每个环节中细节繁多，如祝万事如意的表演中，有打露水、修山、打铁、犁田、播种、收获、打粑粑、迎新娘等。这些表演都充满着神秘的性崇拜气息。

从古至今，舞蹈和音乐以及色彩总是存在着千丝万缕的联系。很多女性跳舞都是为了追求性感，甚至为了引起舞台下的尖叫，所以在着装上尽量裸露，在动作上不乏挑逗，但如果基本功不扎实，与音乐不合拍，腰部律动幅度不到位，力度不够，再怎么妩媚、暴露也只能作艳舞表演。另外，在色彩心理学中，红、黑、黄等刺激色彩，代表一种强烈的主动的性冲动。色彩心理学研究还认为：红色可以刺激男性荷尔蒙的分泌，淡紫色可以促进女性荷尔蒙的分泌。舞蹈的产生，有相当一部分是为了吸引异性的关注。正如雄孔雀通过开屏来展示魅力，还有很多鸟类通过在自己的鸟巢前铺设很多漂亮的、会发光的物件，来吸引异性。

时下兴起的钢管舞，有人说它脱胎于12世纪一种原始部落进行生殖崇拜的舞蹈。女舞者凭借自己柔韧的身体围绕着

图18-3 探戈。

钢管极尽所能，做出性感热辣的动作；男舞者展现的则是力量和阳刚。摆手、扭臀、甩头、爬杆，钢管舞的每一个动作都性感十足，身着紧身上衣、贴身短裤，既可以露出性感的大腿，做倒立动作时又不至于走光。穿上超过膝盖的高跟长靴，在杆上用大腿裸露的皮肤夹住钢管完成动作。在钢管舞中，舞者通过将舞姿、音乐和道具、服装色彩融为一体，展现出极其性感撩人的一面。

拉丁舞又称拉丁风情舞或自由社交舞，桑巴的激情，恰恰的活泼，伦巴的婀娜，斗牛的强劲，牛仔的逗趣，形成了激情、浪漫而又富有活力的艺术表现形式。有人说，“拉丁”是催生爱情的魔法舞蹈；也有人说，“拉丁”很风骚，是穿着衣服的性挑逗。

探戈是国际标准舞大赛的正式项目之一。据说是情人之间的秘密舞蹈，所以男士原来跳舞时都佩带短刀，现在虽然不佩带短刀，但舞蹈者必须表情严肃，表现出东张西望、提防被人发现的表情。探戈起初仅在港口破败的仓库甚至妓院里表演，观众是出卖苦力的人，为所谓的上层社会所不齿。然而，这种艺术形式的魅力无法抗拒，到20世纪初，探戈已普遍为大众所接受，20世纪40年代迎来了它的黄金时代，涌现出一大批词曲作家、歌唱家和舞蹈家。

同样主题的舞蹈还有很多。比如脱衣舞是包含情色和性意味的舞蹈；爵士舞是一种急促又富动感的节奏型舞蹈，让身体各个部位如头、肩、腰、臀、躯干做独立的动作，属于一种外放性的舞蹈；弗拉门戈舞是集歌、舞、吉他演奏为一体的一种特殊艺术形式，热情、奔放、优美、刚健。

总而言之，现代舞蹈中性感基调总是大行其道。不管是里奇马丁、迈克·杰克逊，还是珍妮弗·洛佩兹，或者是脱衣舞娘，都是以不同的形式演绎不同体位的性交动作。

【枫哥点评】

从粗犷的原始舞蹈到风情万种的现代舞，从性崇拜到性魅力展示，音乐是舞蹈的灵魂，色彩是舞蹈的外衣。舞蹈、音乐、色彩之间，由一个性的主题联系起来，我们便不难发现：性孕育了舞蹈，而舞蹈绽放了性的魅力。

画皮的致命诱惑

虽然文身到现在都还是一门非主流的艺术，但它的文化内涵恐怕是大大超过了普通人的认识。它的历史一点也不比其他艺术短，相反，它比很多为大众所喜闻乐见的艺术都要古老。迄今为止，最早的文身来自1991年奥意边界发现的“冰人”，有5200年的历史。世界各地都有文身刺青的风俗，无论是史书记载还是考古挖掘，都显示了文身丰富的艺术价值和功能。

似乎一旦与身体沾边，就少不了和性扯上关系，历史上的文身多与此相关。在一些文化中，文身被看作是生殖的护身符。古埃及和古巴比伦文明里，文身似乎是专属于女性的，因为几乎所有文身都集中在出土的女性木乃伊身上，胸部、下腹部、大腿根部等和生育有关的位置都有蜘蛛网一样的图案。据说这是为了减轻女性在怀孕和分娩时的痛苦，怀孕时肚子日渐隆起，这些文身会慢慢长成一张保护网的形状。也有人说，在孕妇身上留下小创口是为了提高免疫力，从而适应分娩时的巨大痛楚。

但文身并不仅仅是准妈妈才有的专利，特别是在部落文

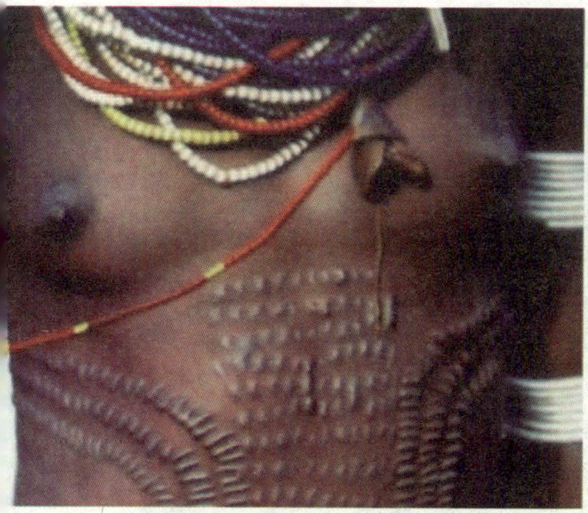
图19-1 原始部落的文身妇女。

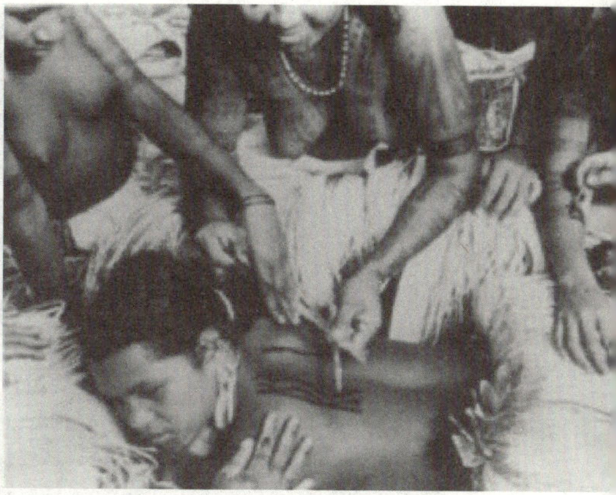
图19-2 在接受文身的原始部落妇女。

化中，最先享受到这种待遇的是妙龄少女。文身是她们的成年礼，第一次月经初潮来临的时候，女孩子们要经过郑重的文身仪式。这可苦了这些花一般的姑娘，因为有些仪式是要从她们的肩膀到腰间都划出创口；有些是出嫁前在胸部和腹部扎几千个针眼，刺破皮肤以后涂上深色的颜料，看起来就像穿上了一件特殊的礼服；更可怕的是先用小刀在小腹划出美丽的图案，再用颜料混着烟灰撒在伤口上，伤口愈合之后图案就被封存在皮肤里面；爱斯基摩女孩并不在腹部等地方接受文身，而是在脸部（通常是颧骨、下巴等部位）。这些骇人听闻的残忍的成年礼，全都是为了让女性的身体更加迷人，当地的土著人都认为带着文身的身体，会刺激狂热的恋人，使女性更具性吸引力。而对于部落里的男人们来说，和一个没有文身的女人做爱会给他们带来罪恶感，而有文身的女人在男女之事方面则像个开了窍的火种。新西兰的毛利人妇女也会在脸部文身，但是这时她们已经不是为了诱惑丈夫，而是为了留住青春。

图19-3　原始部落的文身妇女。

一直到今天，文身依然是性感的标志，至少对于那些去文身的人来说是这样。美国的调研机构Harris Poll曾做过一个与文身有关的问卷调查，两千多名受访者对“文身让你感觉如何”的问题作出了回答，其中31%的人都选择了“使我看起来更性感”，仅次于36%的“使我看起来更叛逆”。说白了，文身的人一方面是追求心理满足，另一方面是为了吸引异性。以至于在许多人眼中，文身都被看作是妓女、黑帮、囚犯的标志，日本畅销自传《黑道的月亮》的作者天藤湘子就曾经兼具了这几重身份，她的经历和身上的浮世绘文身一样，密密麻麻布满全身，让人惊叹。

除了文身之外，还流行着一些彩绘之类的身体艺术。印度的海娜文身就是利用特殊的指甲花颜料在新娘的手上和脚上作画的，这种颜料无需刺穿皮肤，还能保留两个月左右。人们对颜料的掌握进步以后，彩色文身开始普及，人体彩绘也成为一门吸引眼球的身体艺术，在一些地方甚至还因为尺度较大而陷入了色情的泥沼。

看过《画皮》的人，大概都会对妖精卸下画皮的瞬间印象深刻，“好一幅凶神恶煞的脸”！但正因为此前一直被那张美艳绝伦的画皮所迷惑，深陷此中又全然不知，才会感到如此震慑。可见多数人会被表象所欺骗，因此人们为求一张

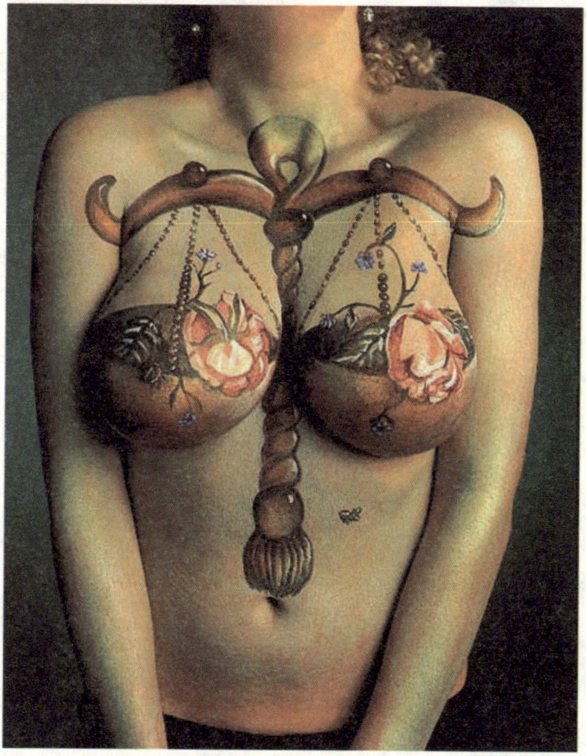

图19-4　印度的海娜文身。

图19-53　天藤湘子的浮世绘文身。

画皮，可以失去理智，忍受痛苦也在所不惜。

文身和人体彩绘就是古人的画皮术，到了今天，虽然美容整形的人气比文身彩绘高得多，但这种原始的艺术带来的野性和诱惑力是现代画皮术难以企及的。在逐步开化的文明中，身体艺术带着历史的沉淀，将会找到它在艺术史中更合适的位置。

【枫哥点评】

文身是一种人体与绘画交融的艺术，如同烙在身上的一种契约，不但表示着身份和信仰，还表达了人类对自身的一种彰显的欲望。翻开历史，文身遍及古今中外，毁誉参半。

历经沧桑，文身又回到我们的生活中。文身作为一种艺术，是人类文化的积淀，值得我们传承下去；而文身行业良莠不齐，文身技术也尚未成熟，文身与否，须三思而行。

虐恋与幻想
——贝尔默的人偶装置

艺术的表现形式多种多样，性这个话题下的形式也林林总总，艺术并不总表现健康正常的性，也会表现一些不健康的性。汉斯·贝尔默的人形玩偶就是先锋艺术家里表达变态性幻想的一个著名的例子。

汉斯·贝尔默（1902—1975），德国超现实主义艺术家，以制作古怪诡异的玩偶装置闻名。他最为著名的作品就是他的那一系列真人尺寸的娃娃，他习惯将这些人形的少女玩偶弄成扭曲的、残缺的、畸形的、赤裸的造型，然后把它们摆在各种阴郁荒凉的背景下，并为之作素描、速写或拍摄照片。贝尔默这个名字也许并不为大多数人所熟知，但实际上他在超现实主义领域是个大师级的人物。

出生于波罗的海沿岸的贝尔默，从小在“严父慈母”的模式下长大，父亲的威严使他养成了叛逆的性格，喜爱阅读冒险、奇幻题材小说的他在成年后开始了自己人生的历险。他利用自己对艺术的天赋，做过广告公司的插画家，同时还经常画一些讽刺当时德国时政的图画，几次身陷囹圄。出于对法西斯政权的厌恶，他从20世纪30年代开始就一心投入艺术创作，不再做“任何对国家有用的事”。

贝尔默的人偶装置创作始于30年代，传闻他的创作契机与个人生活有着密切关联。1932年，他遇见了十来岁的表妹（一说是其他女性）并惊为天人，却囿于伦理上的关系而不

图20-1　贝尔默的人形玩偶在阴郁荒凉的树木中。

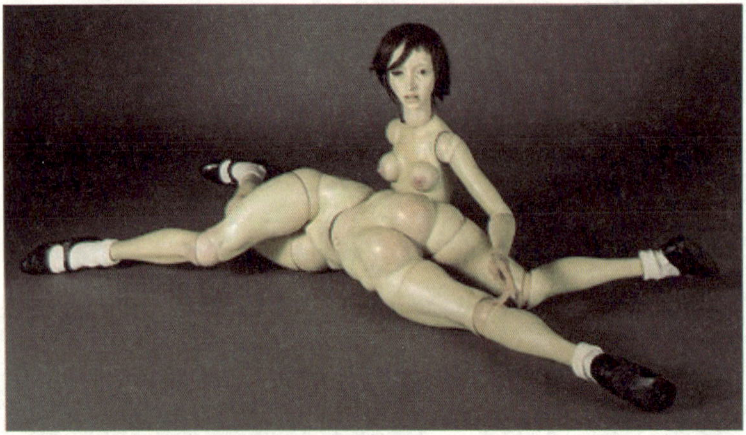

图20-2　贝尔默的人形玩偶带有挑逗意味的姿势。

能追求对方。人偶的灵感得益于1931年他母亲在搬家时给他带去的一箱旧玩具，这箱玩具大概勾起了他儿时的回忆。也有人传言他是因为看过雅克·奥芬巴哈的歌剧《霍夫曼的故事》而萌发了创作冲动。歌剧讲述了一个人爱上了机械人偶但无法结合的苦恋故事。总之，在经历这些之后，他开始创作各种各样的诡异人偶，并于1935年自费出版了第一部作品集。

贝尔默本人的婚姻生活并不美满，1938年他的第一任夫人因肺结核而病逝，他本人几经波折逃亡到法国，为了取得国籍与一名法国女子结婚，而该女子却是个恶妇。爱情的不顺利，使艺术家将更多的情绪寄托在自己制作的这些人偶里面，他将她们视作皮革马利翁的女神，作品中的少女脱离了幼童应有的天真无邪，多带有挑逗姿势的意味。艺术家拍摄装置作品的视角则带有窥淫和恋物意味，他专注于窥淫少女在变态游戏中的表演，她们柔软的秀发，弯曲的膝盖和细长的腿，粉嫩裙裾间不经意的颤动……但一切美好对他来说都

图20-3　大多数人偶没有脸部，只有七零八落的肢体，变态味十足。

有如当年缘悭一面的妙龄少女，可望而不可及，对此他用自己的方式进行“报复”，他将这些人偶少女置于危险的画面中。是的，都是些性虐待的场面。这些玩偶要不就像是被一个无形的虐待者折磨过，要不就是一开始就残缺不全。贝尔默的人偶创作一直持续到晚年，在巴黎赢得了艺术圈中的赞誉后，他开始将精力放在摄影和绘画中，但内容仍旧是女性人偶。他的大多数作品都没有脸部，只有七零八落的肢体，而性器官则令人费解地组合在一起，所有的场面都变态意味十足。

但是，如果仅仅依靠另类和变态，贝尔默是无法成为大师的。他的深刻之处，也许正在于这些异常扭曲的人形，评论家认为这是对纳粹自诩为完美的雅利安人种的一种讽刺，并不是低级趣味。话虽如此，大众的艺术观念并不能跟随先锋艺术抵达最前沿，许多人还是接受不了这种艺术。2006年，在伦敦的一个展览上，展览方将贝尔默的12个作品全数撤下，原因就是害怕作品中过于直露的性主题会触怒邻近的宗教势力。

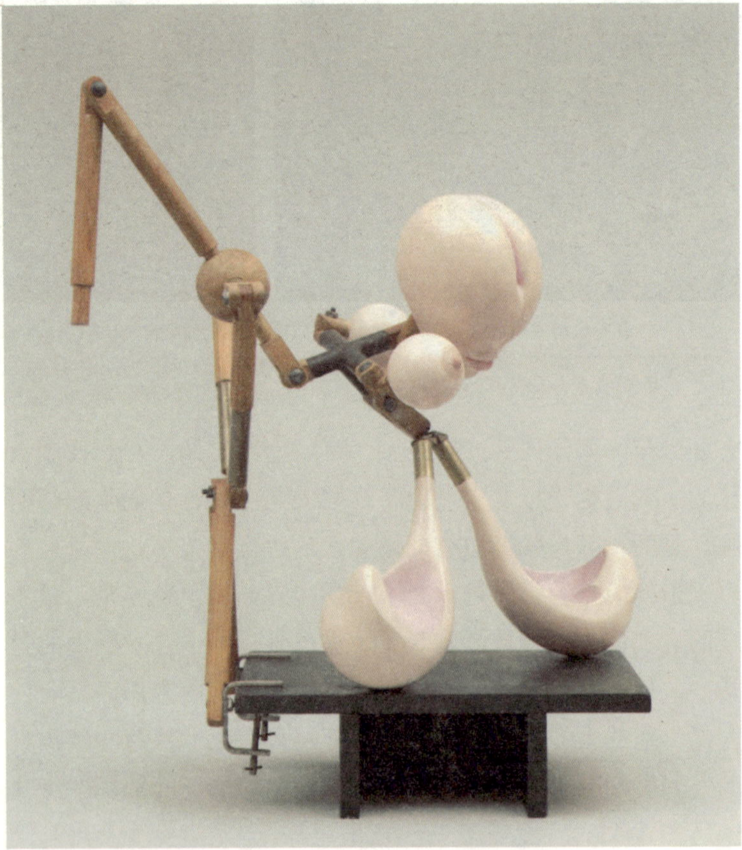

图20-4　许多电影角色造型的灵感都来自贝尔默的人偶。

图20-5 电影里的角色与贝尔默的作品有异曲同工之处。

尽管世人难以理解贝尔默的艺术，他在艺术界还是占有一席之地，不仅因为独具个性的作品，也因为“有良知的艺术家”这样的标签。如果你看过电影《寂静岭》里的四脚怪物或者《攻壳机动队2》里的哈德莉机器人，就会发现这些电影里的角色都与贝尔默的作品有异曲同工之处。没错，许多电影角色造型的灵感都来自贝尔默的人形玩偶，能有这样长远的影响，对于艺术家本人来说应该十分满足了吧！

【枫哥点评】

贝尔默的作品里始终表现的是一些不健康的性主题，甚至有些变态，所以许多人容易产生这样的印象——“这是个热衷制作人形公仔然后给她们拍照的色老头”。大众是要消费艺术，而不是消化艺术，所以往往第一眼会决定他们对这件艺术作品的感觉。在贝尔默看来，他制作的这些人偶少女都是自己被压抑的性冲动转化为非性冲动的产物，是他用来抵抗祖国可怕政权的武器，但是普罗大众的思维却难以回到当时的历史语境里去，也许这就是贝尔默并不出名的原因。

解密三寸金莲背后的性隐私

人类史上有过很多种身体艺术，但多数是局限地、短暂地出现在原始部落，唯有中国古代的缠足风俗，却能在一个文化悠久的民族中广泛而长久地流行。

关于中国妇女缠足的源头有很多种说法，最早可以追溯到唐代以前，当时的宫廷贵妇和乐户歌妓为了增加舞姿中的魅力而缠足，能穿上尖头上翘的舞鞋。到了宋代，这种风俗更为流行，有人为了能穿上更尖更翘的舞鞋，从小开始裹足，让双脚变得瘦窄短小。男人对小脚的赞誉也助长了缠足的风潮，小脚逐渐成为衡量女性美的重要标准。

元朝时期，相对于蒙古族妇女的开放，汉族妇女显得拘泥保守。缠足让她们走不快也走不远，既防私奔、又守妇德。而且缠足妇女总是深藏闺中，这也大大减少了外出时遭异族统治者的掠夺与玷污的风险。于是，缠足便成为妇女服饰的规范和礼仪教化手段，开始在民间广为流传，缠足的方式愈演愈烈，脚也越缠越小。

随着缠足风气的盛行，妇女脚上所穿的绣花鞋的造型和图案也逐渐演变，无不体现丰富的历史文化内涵和极高的艺术审美价值。缠足后所穿的鞋叫做“弓鞋”，又称“三寸金莲”，其种类众多，依年代来分，有清代的靴子、网子鞋，民国时代的坤鞋、皂鞋等；依地域来分，有古式晋鞋、粤式弓鞋等；依用途来分，有棉鞋、雨鞋、睡鞋、喜鞋、丧鞋等；依款式分，有深脸圆口鞋、方口两截鞋、蹻底弓鞋、合脸鞋、尖口鞋等。

台湾知名外科医生、现任台北县土城市广川医院院长、

图21-1 喜鞋：新娘子穿的，通长是黄色或红色，又称喜靴、上厅鞋、踏堂鞋。（来源：天津青年报，下同。）

图21-2 丧鞋：丧事或守丧时穿的，全鞋为白色，鞋面不绣花。

图21-3 尖口鞋：流行于清末民初，鞋帮由两片合拢，鞋头纤瘦尖锐，走路时只有瘦窄尖锐的鞋尖外露。

图21-4 雨鞋：在下雨天穿用，鞋跟不高，皮底或木头底，帮为布制的，上面敷上桐油以免受潮。

图21-5 坤鞋：流行于民国初期，木底。

图21-6 皂鞋：流行于民国初，鞋帮为两片，平底或布制，脸极浅，口作尖形，鞋帮窄浅，常制用青色制造，故名为皂鞋。

图21-7 网子鞋：起于明代盛行于清代，鞋头尖锐，成角锥状，鞋面以丝线为网络，用两帮合成。

图21-8 古式晋鞋：是一种平底鞋，前端常做倒钩状翘起，鞋形作梯形，帮很高。

三寸金莲文物馆馆长柯基生的研究发现，缠足在当时有一个重要功能，就是提高男人和女人的性快感。女性缠足后，行走时要以腰臀骨盆带动双腿摆动，取代正常步行脚掌前进的步态，小脚着地的缓冲功能被脚踝或腰臀的摆动所取代，形成了非常特殊的“迎风摆柳”步姿，不仅能给男性带来视觉上的刺激，更重要的是，长时间的扭腰摆臀走路，臀部和阴部横隔层肌肉得到锻炼，变得越来越发达，阴阜明显突出。

图21-9 合脸鞋：盛行于民国十几年，前部圆尖，后部圆肥，有系鞋带与鞋带鼻，有皮底也有布底，鞋店制售的。

图21-10 深脸圆口：创于民国二十年间，是最广泛的流行鞋式，鞋帮很高，鞋脸也深，前面肥尖后面肥圆，鞋底为皮底，多为鞋店制售。

再加上缠足妇女的腰部前凸，臀部后翘，阴道相对于身体纵轴明显转向后，更有利于后接体位性交姿势，性行为时更容易达到性高潮。

妇女双足长期受裹，解开裹布时小脚压力突然消失，双足立即充血膨胀，皮肤皱褶撑开，末梢血管充血红润，末梢神经更为灵敏，感觉强烈，就像勃起的性器官一样容易受激，无异于另一性器官。所以，从宋朝开始，小脚被女子认为是身上隐秘的部位，被男子认为是性感的中心。小脚成了一种色情器官，三寸金莲则是它华丽的外套，一旦男人摸了女人的小脚，就是性交的前奏。

于是，经受多年的痛苦和不便之后，缠成的小脚成了妇人的珍宝，她们既要守节，又要护“莲”，缠足、洗脚、修剪是不能让其他男人看到的，就是自己的丈夫也不允许轻易观看。因此常有心怀邪念的男子热衷于偷窥妇人洗脚裹足，各色登徒浪子喜欢以取下欢场女子脚下的弓鞋盛上酒，高举传饮为乐。当然，也不乏为了嫁入豪门而把脚裹的小到寸步难行，丧失行动自由，让自己成为不折不扣的“性奴”的黄花闺女。

【枫哥点评】

虽然缠足的风俗已经在世上绝迹，但其性秘密却以各种可能的方式被悄悄地延续下来。缠足追求的是小脚美，与现代女性束腰追求纤腰美，隆胸追求隆胸美一样，都是以各自不同的方式表达对超越自然美的追求，其中都隐藏着不为现在人所知的某些奥秘。我们每个人都有追求美的权利，但是反人道的身体改造则是不能提倡的。所以，缠足裹的不是足而是思想，三寸金莲的艺术价值在于鞋而不是脚。